はじめの
一歩

THE FIRST STEP!

マンションの理事になったらこの1冊

マンションの
管理と自治を
研究する会 著

自由国民社

はじめに

本書は、マンションの理事に選任され戸惑う、区分所有者の方を対象にしたものです。分譲マンションを購入して数年経ち、初めて理事を引き受けることになった若いあなた。あるいは、これまで無関心だったのに定年退職後、管理組合の活動が急に気になりだしたシニアのあなた。そんな「ビギナー理事」の方に読んでいただきたいと発行しました。

マンションは自分たちの大事な生活の場であり、貴重な財産です。その割には日ごろの仕事や生活に追われて、管理や運営は「他人任せ」にしがちです。

執筆した私たちのメンバーも、はじめはみんな同じ。マンションの運営は、委託している管理会社や何度も理事を経験している顔役の区分所有者にお任せ、という具合でした。ところが、数千万円かかる大規模修繕工事や、やがて訪れる建て替えの問題などを考えると、無関心ではいられないことに気づきました。どのように管理組合は運営され、区分所有者にはどのような権利や義務があるのかを知っておくことが何より大事なのです。

マンションの理事は数年おきに回ってくる「義務」と考えるか、区分所有者に与えられた「権利」と考えるかによって、理事の仕事への向き合い方が違ってきます。本書は「義務」以上に「権利」と考え、積極的に取り組むことをおすすめしています。

さらに本書は、理事長や理事の経験者に、「いちばん知りたいこと」「役に立った情報」をリサーチして記事の検討を行いました。理事長になって「行事でのあいさつに困った」、理事を経験して「住民間のトラブルの多さに驚いた」

など、さまざまな意見を参考に、「理事の年間行事カレンダーとあいさつ実例」や「大岡裁きによるトラブル解決集」を掲載することにしました。

大岡裁きによるトラブル集は、「トラブルのために住みにくくなった」、そんな事態を回避するために、事を荒立てない現実的な解決法を第一に考えました。このほかの記事も「現実的な対処法」「すぐに役立つ」をポイントにしました。理事になりたての方が、「自分なら、こんなお裁きはしない」「違う解決法もあるのでは」と考えながら読んでいただくと、さらに役立ちます。

今回の改訂では、マンションの高齢化について考えてみました。国土交通省が平成30年度に実施した「マンション総合調査」では、世帯主が50歳以上の居住者が約74・1％で、昭和54年以前に建てられたマンションでは、世帯主が70歳以上の居住者の割合は47・2％にもなっています。こうしたマンションの高齢化問題に対応するために、第6章では高齢化ゆえに起こりやすいトラブルを取り上げています。また、最近増えている集中豪雨に備える火災保険への入り方などを第7章で加筆しました。

本書はビギナー理事の入門書として上梓しましたが、分譲マンションを購入したが、どんなところかわからないという方にも役立てていただけます。本書を参考に、居住者のだれもが安心して快適に暮らせるマンションをめざして、日ごろの自治活動に励んでいただくことを願っています。

マンションの管理と自治を研究する会

マンションの理事になったらこの1冊

CONTENTS

第3章 マンション行事の年間カレンダー 81

第4章 管理会社とのつき合い方・選び方 113

第5章 マンションの点検と修繕の進め方 141

第6章 マンション理事長の「大岡裁き」事例集 177

第1章

マンションの理事になっちゃった!!

マンションの理事10の心得

マンションの運営はどのように行われるか?

　分譲マンションには区分所有者(組合員)が10戸足らずの小規模なものから、数百戸が住む大規模なマンションもあります。

　規模によって理事の数や役割は違ってくるでしょうが、マンションの自治のあり方や運営の方法はほぼ同じです。組合員が所属する「**管理組合**」の義務や権限、組合員の代表である「**理事会**」の義務や権限が「**建物の区分所有に関する法律**」(以下「**区分所有法**」)によって定められているからです。

　その法律を基にして、各マンションにあるのが「**管理規約**」です。マンションの憲法ともいえる規約で、管理組合の運営はこの「管理規約」と運用方法を示した「**使用細則**」に基づいて行われます。

最も大事なポイントは「民主的な運営」

　管理規約に基づき、マンション管理・運営の決定機関となるのが、「区分所有法」によって、年1回以上開くことが義務づけられている組合員による「**総会**」です。

　その総会で承認された理事によって、日常の運営は行われます。つまり、理事は組合員の代表で、組合員の利益を優先して考える義務を負っています。

　理事は住民の安全や快適な生活を守るように努めますが、具体的には「マンションの資産価値を守る」「住民間の交流を図る」「ムダな経費を節減し健全な経営をする」などに尽力します。

　民主的な運営が第一条件なので、住民によって差別したり、知り得た住民の情報を他人に話すような不心得は厳禁です。

●マンションの理事10の心得●

心得1 理事の仕事には積極的に取り組む

理事に推薦されたら、積極的に引き受ける

マンションの管理組合の役員は、区分所有者が交代で行うのが一般的です。組合員(区分所有者)の人数によりますが、5年~10年に1度、役員が回ってくることが多いようです。

役員である理事を打診されたら、よほどのことがない限り引き受けましょう。

「残業や休日出勤が多い」「小さい子どもがいる」「介護が必要な高齢者がいる」など、事情を抱える人は少なくありません。それでもほとんどの組合員は都合をつけるものです。もし今回、引き受けられないようなら、「次期は引き受けさせてください」と誠意ある回答をしましょう。

理事の仕事は前向きにこなす

理事を引き受けたものの、理事会に顔を出さず、行事にも参加しない「**幽霊理事**」がいます。「協力しないなら、引き受けないほうがまだマシ」と引き受けた理事から恨み言のひとつも聞こえてきそうです。

管理組合が主催する年間の行事や、日常の仕事は意外に多く、その裏方となる理事の仕事は、思ったよりずっとハードのはずです。1人が手を抜くと、ほかの理事の負担が増えます。

理事を依頼されたら、快く引き受け、任期終了まで前向きに取り組みましょう。汗をかくことで理事同士の交流も生まれ、理事になったおかげでマンションの管理のしくみがよくわかり、生活しやすくなったという理事経験者も少なくありません。

● 理事になるメリット ●

1 マンションの管理と運営のしくみがわかる

自分たちが住むマンションがどのように運営され、住民はどんな権利と義務があるかなど、大事なことが理事を経験するとよくわかります。

2 マンションのお金のしくみがわかる

年間の予算を決め、決算を行うのも理事の仕事なので、その作業を通してマンション管理に関するお金のしくみが、よくわかります。

3 理事同士や住民との交流が深まる

理事会での話し合いを通して理事同士が親しくなれます。また、年間の行事を通して、マンションに住む人たちと親睦が図れます。

4 防犯・防災への関心が高まる

理事として防犯パトロールや防災訓練などに参加することで、防犯・防災の意識が高まります。不審者の発見や火災などに気をつけるようになります。

心得2 すべての決定は話し合いによって決まる

管理組合や理事会は民主的な運営が前提

「理事会はどのように運営したらいいか？」「理事をどのようにまとめていったらいいか？」と悩む理事長も多いでしょう。

いちばん簡単な方法は「なんでも話し合って決める」というルールを遵守《じゅんしゅ》することです。

管理組合の運営は「区分所有法」という法律に守られ、理事会や理事長に一定の権限が与えられています。とはいっても、上意下達が原則の官公庁や企業などと違い、組合員の発言力に上も下もありません。

管理についての大事な決定は、組合員が一定以上出席した総会を経ないと下せません。また、日々の管理についても、理事長1人で判断してよいことは少なく、理事会に諮《はか》って話し合いで決めるのがルールです。

自分だけの勝手な判断はトラブルの原因になる

理事や理事長は、組合員が交代で行うケースがほとんどですが、組合員の合意を経て、ほぼ同じメンバーが理事や理事長を務めるマンションもあります。

慣れているので手際がよいというメリットがありますが、慣れすぎが原因で、住民に対して広報や広聴をおろそかにするミスを冒しがちです。

理事長が独断で工事業者を決めたり、総会に諮るべき議案を理事会だけで決めたら、収拾がつかなくなります。「理事が好きに運営している」などと陰口をたたかれないように、なんでもオープンに話し合って決める習慣をつけましょう。

●独断で決めてはいけない例●

理事

「知人から地震災害の寄付集めを頼まれたので、掲示板に広告しました」

➡理事会に諮る

理事長

「植栽の業者を替えました」

➡理事会に諮る

理事

「広報活動が大事なので『マンション便り』をホームページにアップしました」

➡理事会に諮る

理事長

「ペット禁止ですが、住民から懇願されたので許可しました」

➡理事会・総会にルールの変更を諮る

心得3 管理規約に則《のっと》った行動をする

「区分所有法」という法律と「管理規約」

分譲マンションには、「管理規約」という、各マンションが自主的に定めた規約があります。マンションの管理のことや総会の開き方、理事の役割、住民が守らなければいけないルールなどが定めてあります。

管理規約は、国が定めたマンションに関する法律である「区分所有法」などに則って作られるものです。自分たちのルールですから、自主的に作ってよいものですが、区分所有法と矛盾する管理規約は、原則として無効になります。

管理規約は住民が快適に生活するためのルール

マンションの管理規約は、区分所有者の意思で決まり、改正され、運用されます。

とはいっても新築のマンションに入居したとき、まだ顔見知りもいない状態で、区分所有者が話し合い自主的に作成することは困難です。ほとんどの場合、分譲業者や委託した管理会社があらかじめ作った管理規約によってスタートします。

数年経ち、住民同士の結束が固まり、スムーズな話し合いができるようになったら、不具合を改正したり、そのマンション独自の色を出していくことも可能です。

新しく規約を作ったり、改正したりする場合は、国土交通省が区分所有者を保護する目的で「**マンション標準管理規約**」という規約例を公開しているので、国土交通省のホームページを参考にしましょう。

● 管理規約はマンション管理の憲法 ●

マンションに関する法律

「区分所有法」や「マンション管理適正化法」など

「マンションに関する法律」や「マンション標準管理規約」を基にして、各マンションで「管理規約」と「使用細則」を定めます。

マンション管理の憲法

管理規約＋使用細則

専有部分と共用部分はどこで分かれる?

自分の住まいをリフォームするときのルールは?

管理に関する費用負担はどうなっているの?

管理組合の役員って何人いるの?

通常総会は年1回以上開かなくてはいけないの?

理事会は理事の半数が出席しないと開けないの?

マンション管理の会計はどうなっているの?

心得4 住民の代表者としてトラブルを解決する

マンション内のトラブルの解決に努める

不審者が立ち入ったり、盗難被害があったり、迷惑駐車が目立ったりと、マンションではさまざまなトラブルが起こります。そうしたトラブルの解決に努めるのも、理事長をはじめとする理事の仕事です。

例えば、近所からマンションの住民が自分の庭に空き缶を投げ捨てたとクレームがきたら、マンションを代表して理事が話を聞き、掲示板などで注意を促します。

また、マンション内で煙草の投げ捨てをくり返す住民がいたら、理事長からやめるように勧告することができます。

通常、理事長は区分所有法で定められた「管理者」という公の立場なので、改善されないようなら、最終的には総会の承認を得て、専有部分の使用停止請求や区分所有権の競売請求もできます。

管理会社と連携してトラブル解決にあたる

トラブルが発生したとき、理事が解決に当たりますが、実際は管理会社に依頼するケースが少なくありません。

小さなトラブルは「管理人（管理員）さんにお願いして……」対処してもらい、裁判まで進むような大きなトラブルについても、書類の作成や手続きなどは、管理会社に依頼するのが一般的です。

ただ、実務は管理会社に行ってもらいますが、主体はあくまで管理組合なので、意思決定は理事会が行い、理事で解決できないような重要な事項は総会に諮《はか》ることになります。

●住民の代表としての役割●

1 何者かに外壁に落書きされた

●住民の代表として

　被害などを調べたあと、理事会で話し合い、警察にパトロールの強化を依頼します。

2 隣にビルが建って日が当たらなくなった

●住民の代表として

　臨時総会で組合員の意見をまとめ、隣のビルの所有者に補償などについて話し合いをもちます。

3 1日中、暴力団風の人が何人も出入りしている

●住民の代表として

　管理員（管理人）に出入りのチェックを依頼し、データがまとまったら警察に相談します。

4 欠陥マンションの疑いがある

●住民の代表として

　臨時総会を招集し、欠陥の状況を把握して管理組合の意思を施工業者に伝えます。

心得5

住民との接し方は「平等」が第一

協力的でない住民を疎外しない

管理組合の組合員のなかでも協力的な住民と、そうでもない住民がいます。協力的な住民は理事の経験者だったり、マンション管理に関心のある「積極」派。いっぽうの非協力的な住民は、定期総会にも出席しない、「他人任せ」派です。

例えば、理事会でよく見られる風景ですが、理事のあいだで意見が煮詰まると「次回までにほかの住民に意見を聞いてみよう」と散会することがあります。そのあと聞きやすい住民の意見だけを聞いて、その声を運営に反映させることがあります。

「非協力的な組合員はどうせ意見などないだろう」とタカをくくったわけですが、こうしたやり方を続けると、管理組合の運営は非民主的なものになります。理事会で住民の声を聞く必要があったら、全戸へのアンケート調査などを実施しましょう。

トラブルは両者の声を平等に聞くのが原則

また、騒音やペットなど住民間でトラブルが発生したときも、行司役となる理事は、両者の声を十分に聞き平等に接することが求められます。

片方が友人であっても、その人の側に立って相手を説得しようとしたら「理事なのに一方の味方をしてもいいの？」と怒りを買いかねません。

どんなに親しくても片方の意見だけを聞くのは理事としては不適切。あくまでも公平な立場を厳守することが大切です。

●こんな不平等はトラブルのもと●

理事と親しい組合員の声だけを聞いた運営をするな!! 反対!!

改善しよう!! 大事なことは総会で決定します。組合員の意見を広く求めたいときはアンケートを実施する方法があります。

レクリエーションなどは決まった人だけで行うな!! 反対!!

改善しよう!! 募集しても参加が見込めないから、常連だけに案内することがありますが、管理組合（自治会）が主催する行事なら、掲示板など全員に案内するのが当然です。

反対!! 情報を一部の人だけで共有するな!!

改善しよう!! 理事や親しい組合員だけで、管理に関する情報を共有するのは不平等です。個人情報を保護しながら、理事会で話し合われたことやマンション内外のできごとは掲示板などで全員に知らせましょう。

心得6 住民が積極的に参加してくれるように努める

総会は多くの組合員に出席してもらう

年1回以上の開催が決められている「**通常（定期）総会**」や、大事な決議が必要なときに開かれる「**臨時総会**」は、管理規約に定められた組合員の出席人数（委任状を含む）がなければ成立しません。

管理組合の活動を十分なものにするには、総会にはなるべく大勢の組合員に出席してもらい、活発な意見を交換してもらう必要があります。

といっても、マンションによっては出席者が少なく、委任状とあわせないと過半数を超えない管理組合があるのも現実です。

国土交通省が行ったアンケートでは、委任状を含めない組合員の出席率は32・9％程度が平均ですから、総会への出席者を増やすことは理事会の大事な仕事の1つとなります。

行事への参加者を増やすには工夫が必要

総会への出席者を増やすには、住民同士のコミュニケーションをよくするのがいちばんです。

最も有効な方法は、消防訓練や清掃活動、住民同士の交流会などの行事を通して親睦を図ることです。しかし、それらの行事も総会と同様にコミュニケーションがよくないと参加者が増えません。

地道な仕事ですが、日ごろから広報活動を充実させたり、アンケートを実施して組合員の声を聞いたり、あるいは住民が参加できるクラブ活動を促進したりして、つねに住民に働きかけ続けることが大切です。

● 総会に出席してもらおう ●

コミュニケーションをよくして総会に出席してもらう方法

①理事が率先してあいさつを励行する

②子ども会で保護者同士の交流を図る

③老人会での交流を促す

④広報活動を積極的に行う

⑤消防訓練などの活動を充実させる

⑥マンション内のクラブ活動を促進する

総会の出席率がアップする

↓

メリット

↓

●多くの意見が集まる

組合員のなかにはさまざまな職業のプロがいます。改修工事などにも専門的な意見が聞けます。

●管理組合への関心が高まる

マンションの管理や自治活動への参加意識が高まり、協力的な組合員が増えます。

●助け合いの精神が生まれる

高齢者や子どもの安全などに協力的な体制が組め、住みやすい環境になります。

心得7 個人情報は洩れないように注意する

理事会にはいろいろな個人情報が集まる

管理会社から管理費を滞納する区分所有者の個人情報が報告されたり、住民からは個人的な名前をあげて苦情が寄せられたり、理事会にはマンション内のさまざまな個人情報が集まります。そのつど理事会で検討しますが、その内容を公表するときは慎重に行わなくてはいけません。

議事録は原則、公開するものです。例えば、「７０２号室・鈴木さんはいつもゴミを分別せずに出している」という組合員のクレームがあったとき、そのまま議事録に残して公開したら、「７０２号室・鈴木さん」は集中砲火を浴びてしまいます。そもそものクレームが事実かどうかわかりません。

理事会では実名で話し合っても、書類に残すときは、クレームを言ってきた住民も鈴木さんも、名前を伏せるのが当然です。部屋番号など本人が特定できる情報も公開してはいけません。

マンション情報をネットで公開するときの注意点

議事録の閲覧はマンション内に限定されますが、最近増えているマンションのホームページは、だれでも見ることができます。

個人名をあげて非難する記事を載せたり、中傷記事を掲載したら、名誉を著しく棄損することになり、最悪、訴えられかねません。

中傷記事でなくても、リフォームの実績などを公開すると、工事業者の格好の情報源になります。さらに、振り込め詐欺などの対象にもなりかねないので、個人情報の流出には十分気をつけましょう。

●「うっかりして」しまう失敗例●

1 会員名簿を配付する

以前は各戸に配布するマンションもあった区分所有者の名簿ですが、最近は個人情報の保護のため、配付したり公開しないのが一般的です。

2 個人情報をネットで公開する

マンションの情報をホームページで公開する管理組合もありますが、個人を特定できる情報をアップすると、トラブルの原因になることがあります。

3 個人の不利益になる情報を議事録に書く

特定の個人の名前をあげ、非難するような記事を議事録に残すと、仲たがいやトラブルの原因になります。

4 個人の不利益になる情報を理事以外に明かす

理事会で知った個人情報をほかの組合員などに話すと、噂話となってトラブルの原因になるので口外は厳禁です。

心得8 管理会社とは緊張のある関係を維持する

管理会社に管理事務を委託するマンションは多い

現在、管理組合の多くは、管理事務の全部ないし一部を管理会社に委託しています。

委託している業務の内容は、「①**事務管理業務**」「②**管理員業務**」「③**清掃業務**」「④**建物・設備管理業務**」などです。

通常、定期的に開催される理事会には管理会社のフロントマン（担当者）が出席し、管理について専門的なアドバイスをします。

ただ、フロントマンによっては20～30件のマンションを担当していることもあり、1件になるべく時間をかけずに効率的に仕事をこなしたい、というのが本音のようです。

そのため、管理組合の活動が不活発で、理事会もほとんど開かれないようなマンションは、管理会社のペースでどんどん仕事を進められてしまうことがあります。

管理会社とは距離をおいてつき合う

また、管理会社によっては、契約直後はエースのフロントマンを派遣しますが、すぐに新米担当者に交代するようなところもあるようです。

それならベテランは安心かといえば、そうとも限りません。ベテランのフロントマンは、豊富な経験があだとなって、管理会社の利益につながらない問題を軽視し、目に見えないところの管理を怠ることがあります。

管理会社に十分に働いてもらうには、理事が管理会社と馴れ合わず、きびしく目を光らせることが大切です。

●管理会社を上手に使うポイント●

×管理会社にお任せの管理組合

●フロントマンの本音

「なんでもお任せなので、こちらの思いのままだ」

「次の理事会までに書類を作成する約束だった。間に合わないので適当にごまかせばいい」

「理事長に了解だけとって、補修工事はわが社の工事部で行おう」

「不正にならない程度に見積をやや高めにしておこう」

○信頼関係のある管理組合

●フロントマンの本音

「こちらの提案を真剣に検討していただける理事会なので、良い提案をして認めてもらいましょう」

「次の理事会までに書類を作成する約束だった。信頼を裏切れないので間に合わせないといけないわ」

「工事はほかの業者からも見積をとるようなので、真剣にコストダウンを図りましょう」

×なんでも疑う管理組合

●フロントマンの本音

「どうせ、何を提案しても文句をつけるのだから、最初は完ぺきな案でなくてもいいか」

「工事費などは必ず値切るのだから、最初は高めの見積額を出しておこう」

「工事費などは必ず値切るから、シロウトにはわからないところで手を抜いて、安く上げよう」

「こちらの提案をなんでも疑うのは勉強不足の証拠。案外、やりやすい相手かも……」

マンションの理事10の心得

心得9 管理費は1円もムダにしない

マンションの運営は国の経営と似ている

マンションの運営は国の政治と似ているといわれます。「管理規約」という憲法にも基づき、住民の代表である理事が総会において承認を得て、行政を担います。

ムダな経費は極力抑え、効率的な運営が求められるのも国と同じです。同時に、経費をむやみに削れば住民の安全や快適な生活が脅かされる心配もでてくるので、使う部分はしっかり使わなければいけません。

お金を惜しんではいけない部分、節約してもいい部分を適切に判断し、管理費や修繕積立金を効果的に使うことが大切です。

「1円もムダにしない」管理組合だとアピールする

ムダな経費の節減は、これまでの運営の見直しから始めましょう。ここ数年の決算書などを精査し、改善できる点は改善しましょう。管理会社との契約内容も話し合いの対象になるでしょう。

植栽や清掃など住民の手でもまかなえることがないかチェックするのも1つの方法です。

ただし、「そこまでして節約する必要はない」と考える組合員もいるでしょうから、総会に諮《はか》ったり、アンケートを実施したりして、広く要望を聞くことが大切です。

経費節減を心がけることは、マンションの自治への関心を高める効果があります。

さらに、「運営に熱心な管理組合」「まとまりのある管理組合」というイメージを獲得でき、管理会社から一目置かれる存在になり、ひいてはマンションの資産価値を高めることもできます。

● こんなところをチェックしましょう!! ●

1 これまでの決算書をチェックする

昨年度までの決算書に目を通し、過剰に思える費用はないか、ムダを省けないかチェックしましょう。

2 住民でできることはないか検討する

管理会社に委託していた植栽や清掃などを、組合員のボランティアでまかなえないか検討しましょう。

3 水道光熱費は節約できないかチェックする

不要な夜間の電灯や流しっぱなしの水道など、見逃がしがちなムダがないかチェックしましょう。

4 大きな工事は数社から見積もりをとる

管理会社からの提案に頼らず、大きな工事は数社から見積もるのも経費節減に有効です。

心得10 価値の維持にメンテナンスは欠かせない

理事の仕事の1つは共有部分のメンテナンス

管理組合の仕事の1つは共有部分の維持管理です。水漏れなどの補修、エレベーターの整備など日々のメンテナンスを行います。実際に補修工事などを行うのは専門の業者で、発注は管理会社が管理組合に代わって行うのが一般的です。

加えて鉄部塗装や外壁補修、屋上防水などの「**大規模修繕工事**」を、数年から十数年単位で行わなくてはいけません。それらの年にあたった理事は、工事業者の選定、見積もりの検討、実施の管理などを行うことになります。

メンテナンスを行えばマンションの寿命が延びる

鉄筋コンクリートの建築物であるマンションの耐用年数は、建てられた年や周囲の環境によって違いますが、一般には40～60年といわれています。

まだ大多数のマンションがその年数を超えていないので、実際にはどの程度、老朽化が進むものなのか実証されていませんが、日常の細かいメンテナンスや大規模修繕工事を計画的に行っているマンションと、そうではないマンションでは劣化のスピードは大きく違います。

メンテナンスを怠ると、腐食やサビが進みます。給水・排水管の劣化も進みやすくなり、水漏れなどの心配もでてきます。そして、その水漏れがさらに、コンクリート部の劣化を速めるという結果になります。

理事の役割は、こうしたマンションの老朽化を抑制し、資産価値を守ることにあります。

●定期的にメンテナンスを行うメリット●

マンションのメンテナンス

あまり行わない

外壁の腐食やサビが発生

①危険な建物に変身

階段などにひびが入ったり、手すりにサビがでたりしたら住民の安全が脅かされます。

②美観が損なわれる

外壁のひびや、エントランスの床のタイルの割れなどが放置されると美観が損なわれます。

③劣化・老朽化が速まる

塗装やひびなどの補修を怠ると、そこに水が入りさらに劣化が進むといった悪循環が起こります。

資産価値が下がる

定期的に行う

マンションの寿命が延びる

COLUMN

あいさつはコミュニティ形成の特効薬

あいさつはトラブル防止に役立つ

エレベーターを待っているときや駐輪場などで居住者とすれ違ったとき、「おはようございます」のひとことかけるだけで、すがすがしい気持ちになれるものです。もちろん、ことばをかけられたほうは、それ以上のさわやかさを感じるはず。

「今日一日いいことがありそう」と思ってくれるでしょう。こうしたなんでもないあいさつが、マンション全体のコミュニケーションをよくします。

住民間のトラブルは、コミュニケーション不足によることが多く、日ごろからあいさつを交わすような関係になっていれば、大事にならないケースがほとんどです。

さらに緊急時の救急や避難も日ごろのコミュニケーションが役立ちます。

泥棒はあいさつの多いマンションが苦手

あいさつをひんぱんに交わすことのもう1つのメリットは、不審者対策など防犯面に役立つことです。

泥棒は出会った居住者から声をかけられたり、あいさつをされると警戒して犯罪をためらうといわれています。下見をするとき、あいさつが多く、住民同士のコミュニケーションがよくとれているマンションだと実行を断念することも多いようです。

第2章

マンション管理の素朴な疑問

管理の知識編

そもそも管理組合ってなに？

マンションに管理組合が必要なわけ

マンションのような集合住宅では、みんなが気持ちよく暮らしていくためのルールが必要です。管理組合とは、区分所有者が自分たちで決めたルールをもとに、協力してマンションを管理する組織です。管理組合の目的はマンションの安全な環境と資産価値を守ることにあります。

玄関ホールやエレベーターなど共同で使う部分の管理、ペットや騒音などのトラブルへの対処、また長期にわたる大規模な修繕計画の立案や実行など、管理組合の業務はさまざまです。

区分所有者だけが管理組合に入る

マンションを買って区分所有者になると、自動的に管理組合に入会することになります。勝手に組合から抜けることはできません。そしてマンションの売却と同時に組合員ではなくなります。同居家族や部屋を借りている賃借人は、組合員としての議決権は有しません。

管理組合と自治会とはどう違う

マンションの自治会は、マンションの居住者同士、また地域とのコミュニケーションを深めるのを目的とする集まりです。入会、退会も自由で、同居家族や賃借人も入会できます。

管理組合とは目的が違いますが、自治会の活動が盛んなマンションはいろいろな催しや活動を通じてマンション内の交流が深まり、管理組合の運営もスムーズにいくことが多いようです。

● もし管理組合が機能しなかったら… ●

1 修繕が必要な部分が放置される

組合としての合意がまとまらないと、数年ごとにメンテナンスが必要で大金のかかる外壁の修繕などに対処できません。

2 環境が悪化する

共用部分の玄関、廊下、エレベーター、中庭の樹木などが荒れて住みにくい環境になってしまいます。

3 マナーを守らない住民に困る

住民同士の目が届かないと、タバコの吸殻や生ゴミ、ペットのふんを片付けない、深夜に騒音を立てる人などがやりたい放題になってしまいます。

4 管理会社に住民の要望が届かない

管理会社に任せきりで仕事の確認もしないと、会社側の対応もいい加減になり費用も高くなる危険があります。

管理組合と理事会ってどういう関係？

管理組合の業務を執行するのが理事会

マンションの管理は管理組合が行いますが、組合員全員で行うには時間的なロスも多く非現実的です。そこで組合員の代表者が日常の業務を行います。この代表者の集まりが理事会（役員会）です。

理事会では管理組合を代表して、収支予算案の作成、建物・設備の管理、長期修繕計画の立案と実行などを行いますが、それらの実務は管理会社に委託している管理組合がほとんどです。

理事会の仕事は、管理会社がこれらの管理業務を適正に行っているか、チェックすることが中心です。「手抜き工事はないか？」「費用は高くないか？」「組合員からの不満はないか？」などをきびしい目でチェックします。

部会や専門委員会を設置するのも有効

理事会は、必要があれば経験や専門知識のある区分所有者を中心に部会や専門委員会を設置し、特定の問題の調査や検討を任せます。長期にわたる大規模修繕工事に備え、多くの管理組合では修繕部会や大規模修繕委員会が設置されています。

監事は理事会のチェック役

監事の仕事は、理事会をチェックすることです。活動や会計が適正か、理事会の業務が規約や総会の決議に違反していないかなどをチェックし、その結果を総会で報告します。理事会に出席して意見を述べることはできますが、監事と理事とを兼ねることはできません。

●管理組合の例●

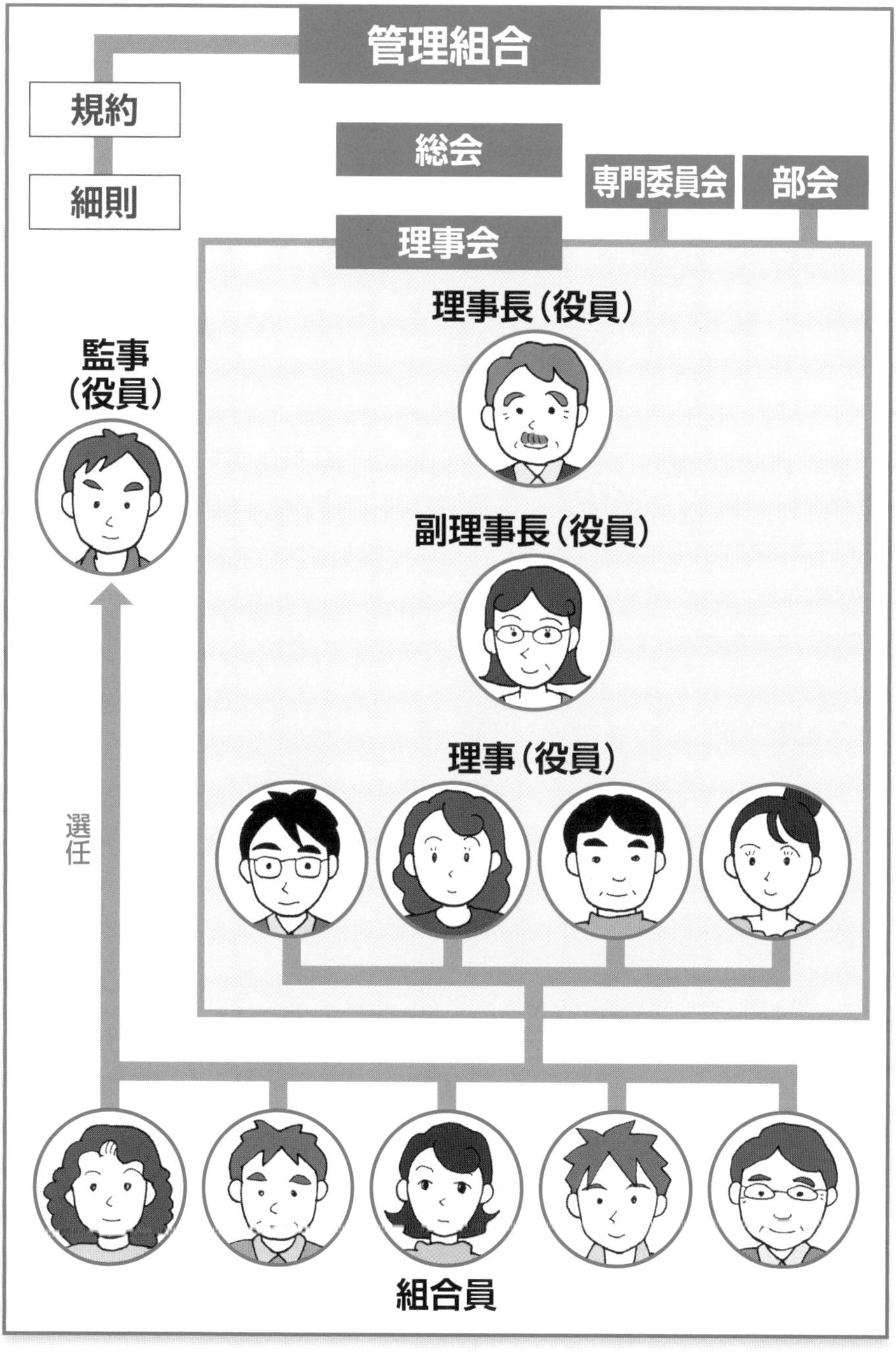
管理組合
規約
細則
総会
専門委員会
部会
理事会
理事長（役員）
監事
（役員）
副理事長（役員）
選任
理事（役員）
組合員

理事会の開き方

スムーズな管理のため理事会開催は月1回以上が理想

理事会では、日常的なトラブルから年間の収支まで、さまざまな事案が話し合われます。もし理事会が長期間開かれないと、資産の管理や管理費・修繕積立金の未納などの重要事項も、長い間チェックできなくなります。また住民からクレームが出たときには素早く対応する必要があるので、できれば1カ月に1回、年に10回以上は理事会を開くことが望まれます。

開催日は出席者の都合にあわせて「第1日曜日の9時」などと決めておくと、出席者も予定が立てやすくなります。議長が会合の最後に「次回の開催は15日の午前10時ですが、よろしいですか」などと確認しておくと、日時の思い違いを防げます。

理事会開催に必要なこと

理事会開催のために理事を招集するのは、理事会代表である理事長の役目です。また議長も一般的には理事長が務めます。

理事長が長期間理事会を開かない場合、「標準管理規約」では数人の理事（人数は規約によって決められている）の同意が集まれば、理事長は理事会を開催しなければならないことになっています。

また、理事会が成り立つには半数以上の理事の出席が必要です。基本的に理事会に出席するのは理事の義務ですが、事情があって出席できない場合もあるでしょう。なるべく流会にならず、理事会の仕事がはかどるよう、管理組合の多くは管理規約で組合員の配偶者を代理と認めています。

●理事会の開き方●

日時

理事がなるべく出席しやすい曜日、時間を選ぶ。土日の夜や午前中など

場所

集会所を使うことが多い。集会所がない場合は、理事宅や喫茶店などが使われる場合もある

参加者

理事のほか、監事や管理会社の担当者にもできるだけ出席してもらう

回数

行事が多いシーズンは月1～2回、少ないシーズンでも月1回程度の開催が望ましい

理事の仕事ってなに？

マンションの理事の役割

マンションの理事になったものの、どんな仕事があるのかわからないと、不安に思う人もいるでしょう。マンションの管理業務は、会計報告書作成などの事務から修理修繕、植栽管理までと幅広く、理事だけではとてもできません。一般的には、管理業務の実務の全部あるいは一部を管理会社に委託し、代わりに行ってもらいます。

理事会のおもな仕事は管理会社の業務管理ですが、理事1人ひとりの仕事は、定期的に開かれる理事会に出席し「自分の意見を述べる」ことになります。それぞれが得意な分野を担当すると、理事会がうまく機能します。日ごろ文章を扱い慣れている人なら文書作成や広報。帳簿管理、領収書の整理などが得意なら会計担当。また知り合いが多く、マンション内の実情を把握している人も必要です。理事会の代表である理事長や副理事長には、理事をまとめる指導力と管理会社や住民と折衝する交渉力のある人物が向いているでしょう。

代表としての理事長の役割

理事長は管理組合の代表としてみんなの意見をまとめるほか、理事会や総会を開催します。総会では議事進行を務めることが多く組合員の意見を調整します。

このほかに会計係が作成した会計報告書や書記が作成した議事録などに目を通し管理組合を代表して検認します。

また管理会社に業務委託をする責任者としての役割もあります。

●理事(役員)の役割(例)●

理事長
・出費報告書、会計報告書や業務にかかった支払の書類に目を通し、署名捺印する
・総会の議事録や印鑑を保管する

副理事長
・理事長の補佐をし、理事長に事故があるときは代理をし、理事長が欠けたときは職務を代行する

会計
・管理費、修繕積立金などの出納・運用、預金通帳の保管

保安
・風紀や秩序、安全を守る
・敷地や共用部分などの保安、保全、保守、清掃、消毒やゴミ処理などをする

修繕
・修理部分がないかチェックしておく
・共用部分を修繕する
・長期修繕計画をつくる
・場合によっては修繕工事に立ち会う

広報
・広報紙を発行する
・建物の建て替えなどの際に必要な情報の収集や調査をする

管理
・設計書やこれまでの修繕などの履歴情報を整理、管理する
・ベランダなどの専有使用部分を管理する

渉外
・官公庁、自治会、近隣の町内会、他のマンション管理組合などとの交渉をする
・共用部分の火災保険や損害保険に関する業務を行う

企画
・自治会活動の一環として町内会などと協力し、祭りや防災など地域とのコミュニティに配慮する

組合の管理する範囲はどこまで?

マンションの共用部分と専有部分

玄関ホール、廊下や階段、エレベーター、駐車場、建物の躯体部*分などは共用部分で、管理組合が管理します。

専有部分とは、区分所有者が所有権をもつ部分で、一般的にはドアの内部の居住部分とされています。専有と共用の範囲はそれぞれのマンションの管理規約に明記されていますが、標準管理規約では玄関ドアの場合は、内側の錠と塗装が「**専有部分**」で、ドア自体は「**共用部分**」です。窓枠と窓ガラスも玄関ドアと同様の考え方です。

住戸のバルコニーは、専用使用権が認められているものの「共用部分」。火災時の避難通路にもなるので、物置などは設置できません。一般的な使用細則では、一定の大きさ内のプランターやエアコンの室外機なら許可されています。

部屋のリフォームや修繕にも許可が必要

リフォームや修繕をするときは、たとえ専有部分でも事前に理事会に申請し、許可を得る必要があります。

標準管理規約では、窓ガラスや玄関ドアの共用部分などの改良工事、たとえば玄関ドアを2重ロックにすることは、ドアの共用部分にも関係するため、許可されません。この場合、総会の決議事項となり、可決されれば管理組合が全戸に工事を行います。このように、住戸内でも居住者が勝手にリフォームができない部分があるので、注意が必要です。

*躯体部分=建物の構造を支える骨組などの部分

● 専有部分と共用部分 ●

●専有部分と共用部分の範囲

専有部分		区分所有者の住戸
共用部分		建物の構造部、外壁、廊下、屋上、エレベーター、階段、電気の配線、水道・ガスの配管など
	付属施設	管理事務室、集会所、ポンプ室、駐車場、駐輪場、テレビアンテナ、街灯、ゴミ置き場　など
	敷地	通路、道路、植栽　など
	専用使用権のある共用部分	玄関ドア、バルコニー、窓　など

●住戸の区分例

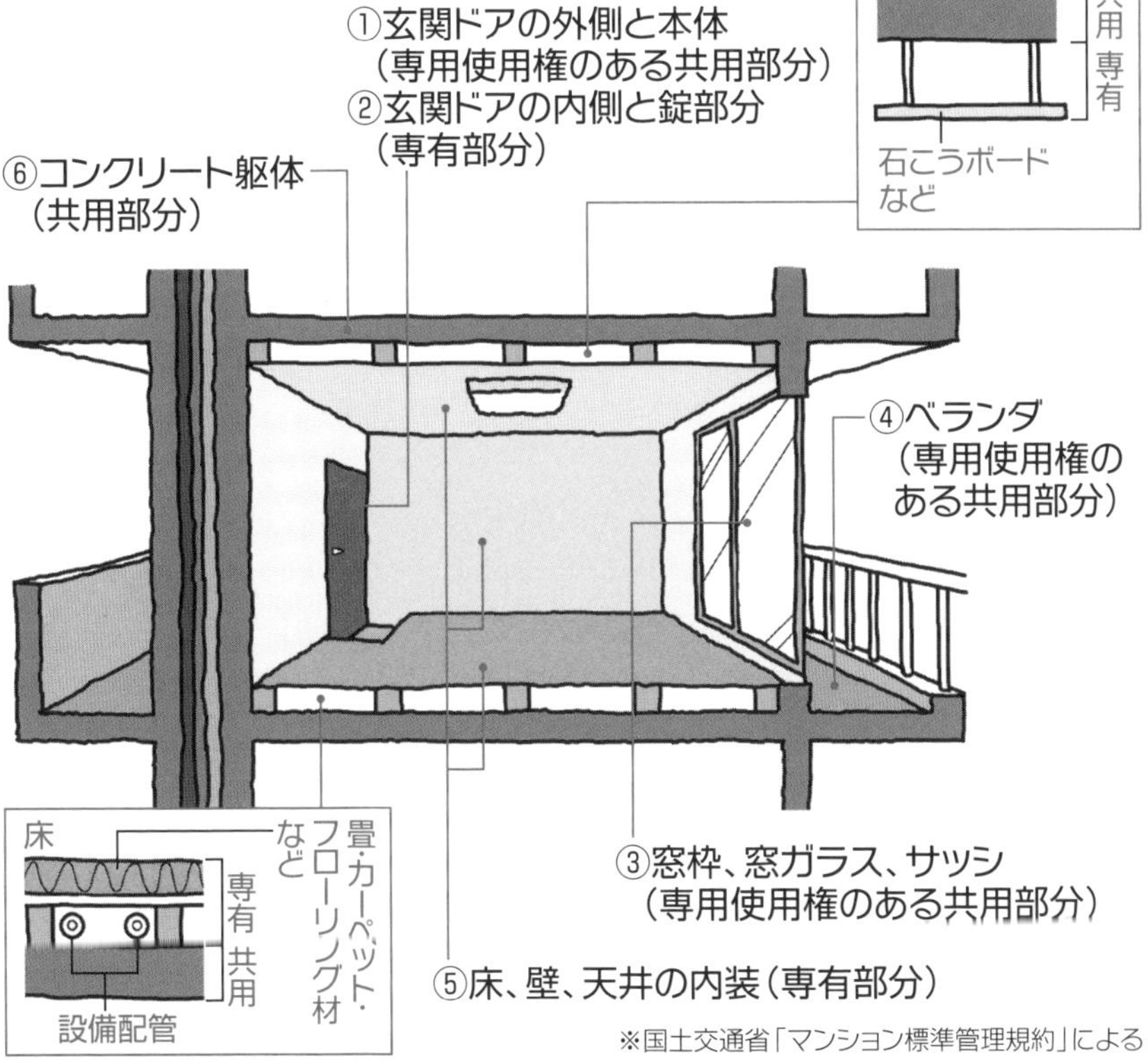

※国土交通省「マンション標準管理規約」による

「管理規約」と「使用細則」の違いは？

「管理規約」は管理の基本

「**管理規約**」は管理組合の組合員が、快適にかつ安全に生活するために、お互いに守ることを約束したルールです。一般には国土交通省が公表している「**マンション標準管理規約**」をベースにし、それぞれのマンションの事情などを加味して、作成されたり改正されたりします。

内容は「**区分所有法**」という法律を核にして、建物の共用部分・専有部分の範囲、費用の負担、管理組合の業務、理事の役割や職務などを定めたものです。マンションの管理や運営を行ううえで守らなければならない基本的な約束事です。理事会は、管理規約をもとに、区分所有者の要望や苦情などに対処します。

管理規約には管理組合の憲法のような役割があります。最新の規約を手もとに置き、理事会や総会に出席するときは必ず持っていくようにしましょう。

「使用細則」は暮らしのルール

「**使用細則**」は、管理規約に基づいて決められる、共同生活をおくるうえでの細かいルールです。暮らしやすい環境を守り、お互いに迷惑をかけず、トラブルにならないよう防ぐもので、規約を補う役割があります。ゴミ分別やペット飼育、放置自転車などについて、マンションの事情により細かく決められています。

管理規約と使用細則は、区分所有者だけでなく、同居人や賃借人も守らなければならない義務となっています。

●管理規約と使用細則の特徴●

●管理規約と使用細則の特徴

	管理規約	使用細則
目的	マンション管理の基本的なルール	日常生活における注意事項や共用部分、専有部分の使い方のより詳しいルール
具体的な範囲	管理規約の目的、専有部分の範囲、敷地・共用部分の範囲、管理方法、費用の負担、管理組合の業務、役員の決め方や職務、総会の開き方、管理組合の会計　など	駐車場・駐輪場のルール、ペットの飼育のルール、ゴミ分別のルール、騒音などのルール、リフォームの届け出、集会所使用のルール、管理費などの滞納の督促のルール、専門委員会の設立と運営
改正のルール	特別決議として、区分所有者の4分の3以上と議決権の4分の3以上の同意を得る	普通決議として、規約に別段の定めがない限り、区分所有者と議決権の各過半数の同意を得る

●管理規約で定める事項

区分所有法と異なる定めができない事項（強行規定）	・管理規約の設定、変更・廃止 ・共用部分の変更、建て替え　など
区分所有法上、管理規約で別段の定めができる事項	・費用の負担の割合、共用部分の割合 ・普通議決権の要件、総会の議長　など
特に制限のない事項（任意で定めることができる事項）	・管理組合の名称、事務所の場所 ・理事、会計担当理事、監事の選任方法、人数、任期、職務権限 ・会計年度の開始・終結日時 ・管理費用の徴収方法　など

「管理規約」を変更する手続きは?

管理規約を変えたいときは

管理規約は、共同生活の基本となる重要なルールです。しかし、規約が社会の変化に合わなくなったり、将来予想される建て替えや大規模な修繕に対応できていなければ、規約を見直す必要があります。

管理規約の設定、変更または廃止をするときは、まず理事会の下に専門委員会や部会を設けて、問題を検討します。検討した内容は、経過がわかるよう広報紙などで通知しましょう。

最終的には、総会での「**特別決議**」として、区分所有者の4分の3以上と議決権の4分の3以上の賛成を得なければなりません。

また規約を設定、変更また廃止することで、組合員のだれかの権利に特別に影響がある場合は、その組合員の承諾を得なければなりません。しかし、正当な理由がなければ、その組合員も規約の設定、変更または廃止を拒否することはできません。

使用細則を変えたいときは

一方、使用細則を新しく設定、または変更するときは、総会で普通決議として、採決することができます。規約に別段の定めがない限り、区分所有者と議決権の各過半数の賛成があれば可決されます。

しかし、変更する箇所が管理規約の内容に関係していたとき、また建物、敷地の管理、使用についての基本的な事項であるときは、管理規約の変更も必要となり、総会の特別決議として4分の3以上の賛成を得て可決される必要があります。

●管理規約の変更手続き●

理事会で変更を決める

↓

その規約がいつから効力を発するのか、おおまかに決める

↓

決めた日から逆算して、改正･変更までのスケジュールを立てる

↓

管理組合の広報紙などで広報活動を始める

↓

必要に応じて特別委員会（専門委員会や部会）を立ち上げ、
徹底的に検討する

↓

理事会か委員会で改正案がまとまったら、
組合員に対して説明会を開き、理解と承諾を求める

↓

総会で改正案を提案する

↓

規約が改正されたら、新しい管理規約を区分所有者全員に配布する

↓

規約の原本はきちんと保管する

↓

細則の条項が規約と矛盾していたら、細則の見直しも行う

「定期総会」ってどんな会合？

総会は重要なイベント

総会は管理組合の最大のイベントで、年に1回は定期的に開催する決まりです。開催する権限は理事長がもち、理事長が進行を担当する議長も兼ねることが多いようです。

総会は管理組合の最高意思決定機関ですが、最近は委任状や議決権行使書提出者をのぞく実出席者の出席率低下が目立ち、平均で32・9％、そのうち単独型が34・0％、団地型が27・8％と総戸数の多い、大規模なマンションほど実出席率が低くなっています。*

区分所有者以外の住民も決議には従う

総会で決まったことは、区分所有者だけでなく、家族などの同居人も守る義務があるのはもちろん、賃借人の居住者も、建物や敷地、付属施設などの使い方の決まりを守らなければなりません。そのため、自分に利害関係のある事項が決議される場合は、同居人や賃借人も総会に出席して意見を述べることができます。ただし組合員ではないので、議決権はありません。

議案には普通決議事項と特別決議事項の2種類がある

総会で決議されるのは、ふつう前年度の決算と今年度の予算案の承認、役員選任などですが、規約改正などに関する、さらに重要な議案もあります。普通決議事項と特別決議事項では、決議に必要な議決権数が違い、特別決議事項では、より多くの賛成を得ないと可決されない決まりになっています。

*国土交通省「平成30年度マンション総合調査」による

● 総会の議案の例 ●

	内容	決議に必要な議決権数
普通決議事項	・前年度管理費などの収支決算報告と事業報告の承認 ・今年度管理費などの収支予算案と事業計画の承認 ・大規模修繕工事の施行 ・設備工事（地上デジタル放送導入工事の是非など） ・共用部分使用料の改定（駐輪場の値上げなど） ・使用細則改定 ・管理費・修繕積立金等の決定 ・管理委託契約更新 ・今年度役員選任　など	区分所有者及び議決権の各過半数の賛成が必要 ただし、規約で別段の定めをすることができる
特別決議事項	・管理規約の設定、変更及び廃止 ・管理組合法人の設立及び廃止 ・共用部分の敷地や付属施設の変更 ・共同の利益に反する行為に対する専有部分の使用禁止、区分所有権の競売、専有部分の引渡請求 ・建て替え決議　など	区分所有者及び議決権の各4分の3以上の賛成が必要 ただし建て替え決議には、区分所有者及び議決権の各5分の4以上の賛成が必要

管理の知識編

「臨時総会」を開くのはどんなとき？

「臨時総会」を開くときはどんな場合か？

臨時総会を開くのは、主に補欠理事の選任や緊急の設備補修など急を要する議案がある場合、また大規模修繕の計画など時間のかかる議案を1度の総会で決議できなかった場合です。必要に応じて何回でも開催できますが、出席者の負担も考え、重要でない限り招集しないのが一般的です。

臨時総会を開催するときの決まり

理事長は、理事会で必要と決議された場合、いつでも臨時総会を招集することができます。

総会開催の通知は、通常なら開催2週間前までに出さなければなりませんが、緊急の場合は理事会の承認を受け、総会の5日前までに出せばいいことになっています。

組合員にも総会招集権がある

多数の組合員は希望しているのに、理事長が総会を招集しない場合は、組合員も総会を招集することができます。

標準管理規約では、組合員が会議の目的を示し、組合員総数の5分の1以上と議決権総数の5分の1以上の同意を得れば、総会の招集を請求できます。理事長は、その請求の日から4週間以内を臨時総会の日とし、2週間以内に臨時総会の招集の通知を出さなければなりません。

また監事が組合財産の状況や理事の業務執行に不正を発見した場合には、単独で臨時総会を招集することができます。

●臨時総会を開くときの流れ●

理事長による招集
理事長が臨時総会開催を必要と認める
理事会で決議し、承認を得る
理事長が臨時総会を招集する
理事長が議長を務める
組合員による招集
組合員総数の5分の1以上と
議決権総数の5分の1以上の同意を得る
理事長に総会の招集を請求する
①理事長が臨時総会招集の
通知を出す
理事長が議長を務める
②理事長が臨時総会招集の
通知を出さない
組合員の議決権の過半数の
賛成を得た組合員が議長を務める
監事による召集
不正に気づいた監事が、単独で臨時総会を招集

管理組合の会計ってどんなもの？

「管理費」と「修繕積立金」を分けて会計処理をする

管理組合の会計の特徴は、「**管理費**」と「**修繕積立金**」の2本立てで会計を行うことです。

「管理費」とは、マンションの日常の管理に使われる費用で、共用部分の水道光熱費や諸設備の保守・点検費用などです。管理会社に管理を委託している場合は、管理委託費も含まれます。

いっぽうの「修繕積立金」は、分譲マンション独自の積立金で、建物の老朽化を防ぐために外壁表面の塗装や防水などの大規模修繕工事を行うための積立金です。

建物の規模にもよりますが、大規模修繕工事は数千万円から数億かかることもあり、一度に支払うと負担が大きくなるために、費用を積み立てることを法律で義務づけられています。

区分所有者がだれでもわかるように明快な会計を

企業会計と違い、マンション管理組合の会計は納税と関係するものではないので、書式は自由です。ただし、区分所有者のだれもが見てわかるような明快なものにしなければいけません。

「**収支計算書**」と次期の「**事業計画書**」「**予算案**」が3つの重要な書類です。

「収支計算書」は発生した費用の金額・内容・支払先・予算との対比などが明記されていることが大事です。

「事業計画書」に基づいた「予算案」は、前年度の収支計算書と対比させます。前年度に計上されていない項目がある場合や、前年度より予算がオーバーする見込なら理由の説明が必要です。

●マンション管理組合　会計のポイント●

1 管理費と修繕積立金を分ける

建物の老朽化を防ぐために定期的な大規模修繕工事が必要。修繕積立金は管理費とは別に徴収し、その費用にあてます。

2 区分所有者にわかるように報告する

理事長は、組合の財政や管理の状況を総会で報告し、区分所有者にわかりやすく説明する責任があります。

3 値上げしないように工夫する

管理費も修繕積立金もできれば現状どおりか、可能なら値下げできるように使い方を工夫しましょう。

4 多くの人でチェックするしくみをつくる

定期的な支出は定例理事会で、年間の会計チェックは総会で行うなど、大勢の人が管理に関わるようにしましょう。

管理の知識編

管理費とはどういうもの?

管理費は日常的にかかる生活費

マンションの管理費とは、建物の共用部分を維持・管理するための費用です。清掃や設備の点検、照明器具の故障を直すなどの修繕費、また共用部分の水道光熱費、管理組合で使う備品費なども含めた日常的にかかる費用で、いわば生活費です。

ほとんどのマンションでは管理会社に業務委託をしているので、管理費には管理会社の経費や利益を見込んだ管理委託費が含まれることになります。

管理費を見直す場合のポイント

長期的な景気の低迷に加えて、マンションの住民の高齢化もあり、「管理費を値下げしてもらえないか」と訴える区分所有者が増えています。

保守点検費や損害保険の費用などは、安全に関わることなので削減することはできないでしょうが、管理費でいちばん大きなウエイトを占める管理委託費は見直しが可能です。「**①管理会社を変える**」「**②管理会社との契約を見直す**」「**③管理会社に委託せずに一部、あるいは全部を自主管理にする**」など選択肢がいろいろあります。

マンションの中に「もう限界!!」と感じる区分所有者がいたら、理事会で検討し、総会に諮《はか》るケースも出てくるでしょう。ただし全面的な自主管理を選択した場合、区分所有者の負担が大きくなるので、総会でよく話し合って決めないと、不便ばかりが気になるマンションになる恐れもあります。

● 管理費とは? ●

●管理費から支払われるもの

- 管理委託費
- 管理業務費
- 水道光熱費や電話料金など共用部分の公共料金
- かんたんな補修、点検、機器の交換費用
- 建物にかける損害保険など

●管理費を賢く使う方法

①管理委託費が正当かチェックする
②委託している清掃などの業務を住民が行うことを検討する
③保険や金融商品などを有利なものに変える
④改修工事などは数社から見積もりをとる習慣をつける

●1戸1カ月あたりの管理費（単位：円）

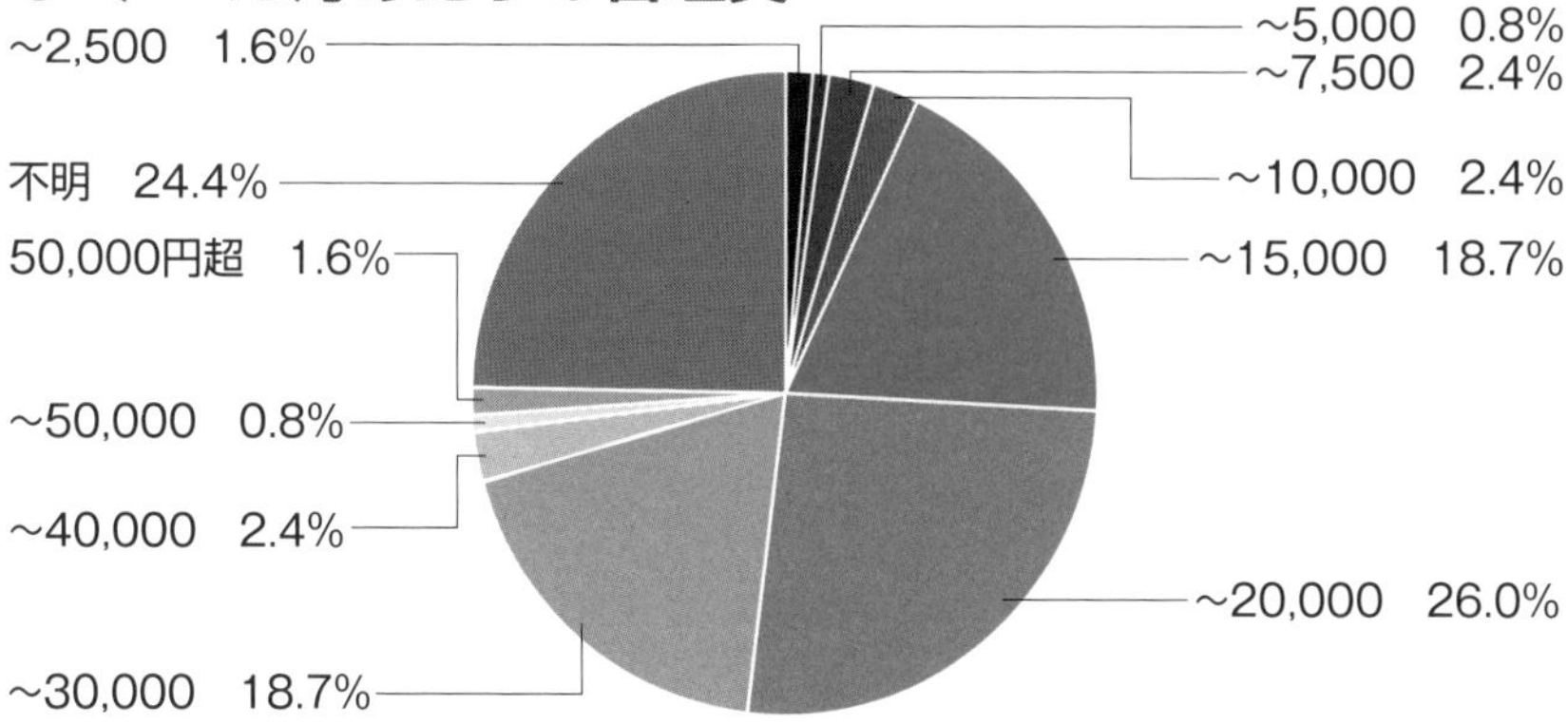

（駐車場の使用料などを含む）

全体では「15,000円超20,000円以下」が26.0%と最も多く、次に「10,000円超15,000円以下」と「20,000円超30,000円以下」が18.7%となっています。総戸数規模別では、総戸数規模が大きいほど、1戸1カ月あたりの総額の平均が低い傾向にあります。

●国土交通省「平成30年度マンション総合調査」による

修繕積立金とはどういうもの？

修繕積立金は将来に備えた貯金

マンション管理組合での修繕積立金は、将来傷んでくるだろう建物や設備などの大規模修繕工事に備えて、積み立てる資金です。

修繕積立金の残高により、将来一時金を求められることもあるので、中古マンションを購入するときは、修繕積立金の進捗具合を見ろといわれるほど大事な要素です。

外装や防水などの大規模修繕工事は、マンションの老朽化が進めば必要になります。老朽化を防ぎ、安全かつ快適に住み続けるには、10年後、20年後を見据えた長期修繕計画を立て、そのときに備えなければなりません。

大規模修繕工事には数千万から億単位の費用がかかるため、区分所有者が毎月少しずつ積み立てていく、いわば将来に備えた貯金が修繕積立金です。

修繕積立金には見直しも必要

各戸の修繕積立金は管理費と同様、専有部分の床面積に応じて決められるのが一般的です。

ほとんどの場合、修繕積立金はマンション完成時に決定されますが、販売会社が早く売ってしまいたいため、初期の金額を安く見積もっていることが多々あります。このような場合、いざ修繕というときになって多額な一時金の徴収が必要になることもあります。

修繕積立金の金額は、まずきちんとした長期修繕計画を立て、そこから逆算して算出すべきものです。社会状況や金利などの変化で、工事費用も変わるので、長期修繕計画そのものも5年おきくらいに見直していく必要があります。

●修繕積立金とは?●

●修繕積立金から支払われるもの

- 外壁の塗り替え
- 手すりなど鉄部の塗装
- 給水・排水管の取り替え
- 機械式駐車場の交換
- 屋上の防水工事のやり直し
- 金物・建具の更新
- 電気設備の改修
- エレベーターの改修　など

●修繕積立金をしっかり貯める方法

①毎月、徴収するのが原則
②新築時の低すぎる積立金は、早めに見直す
③修繕計画をいつもチェックし不足しないようにする
④借入や多額な一時金がないように計画する

●1戸1カ月あたりの修繕積立金平均額（単位：円）

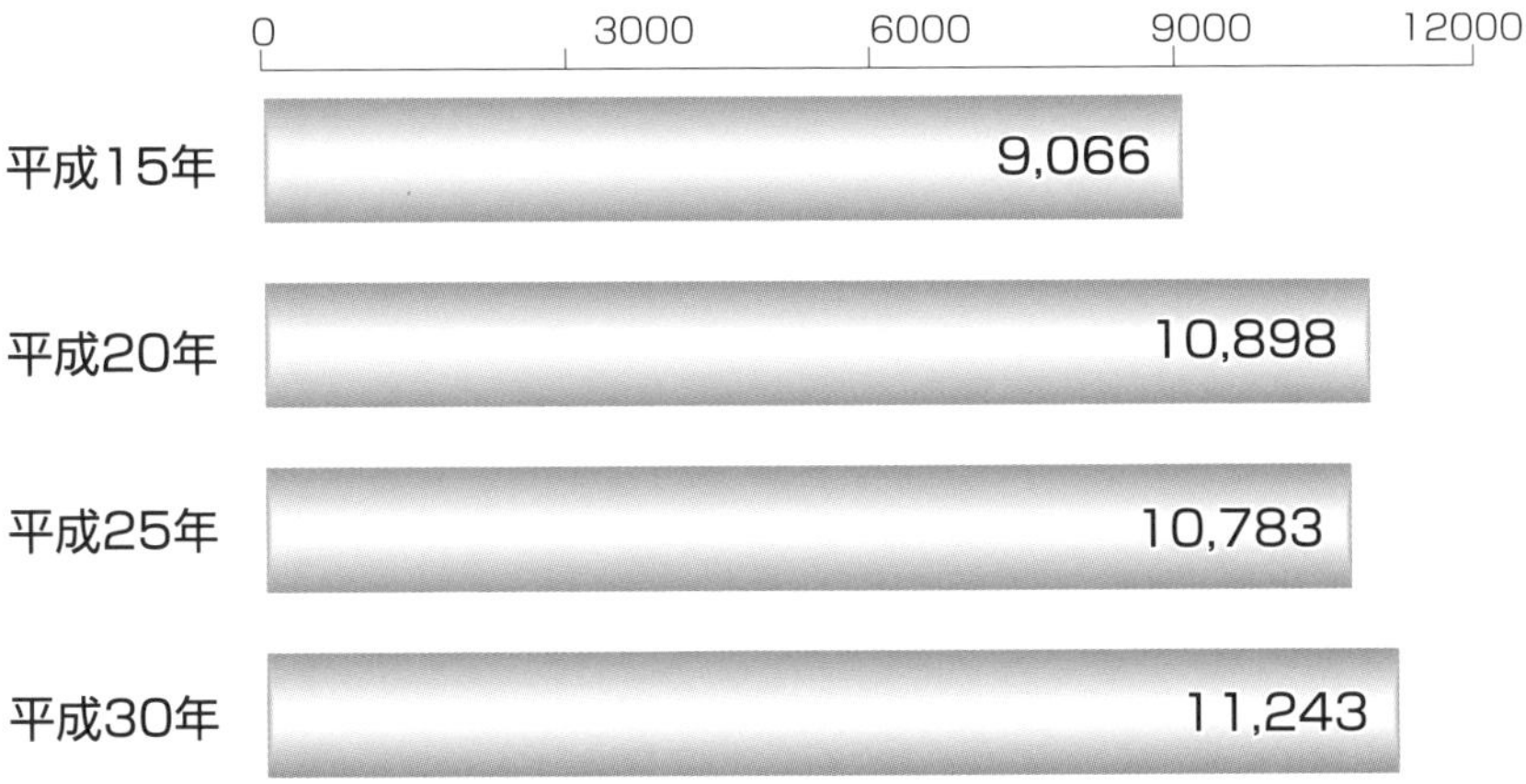

平成20年度～平成25年度は横ばいの傾向にあったが、30年度では平均11,243円と若干高くなっている

●国土交通省「平成30年度マンション総合調査」による

管理の知識編

決算報告と予算案

決算報告は年度末の総まとめ

定期総会において、区分所有者に管理費や修繕積立金の収支を報告するのは理事会の業務です。管理会社に会計業務を委託している場合には、決算書類は作成してくれますが理事会の確認作業は怠れません。理事長や会計担当の理事が中心となってチェックし、監事が会計監査を行います。

決算報告は、管理組合の今期の会計を決算書類にまとめ、区分所有者にわかりやすく示しましょう。収支計算書や貸借対照表などの決算書類に加えて、金融機関が発行する預金残高証明書のコピーも添えると、より信頼性が高まります。

予算案はどう立てる?

決算書類の収支計算書には、前回の総会で承認された予算と今期の決算額を並べて記載し、予算に対して実績はどうだったかが一目でわかるようにします。

その結果を踏まえ、次年度の年間事業計画案を考慮しながら予算額は同額でよいか、とくに支出の面ではムダを省いて減額できるものはないかなどを検討します。

ただ、減額を意識しすぎたために管理の質が低下し、居住者から不満が出るようではいけません。収入－支出の差で利益を出すことが目的ではないのですから、管理会社のアドバイスや居住者からの意見などの情報収集を心がけ、管理費や修繕積立金を有効に使う予算案を立てましょう。

収支の内容によっては「管理費」「修繕積立金」の変更も今後の課題となることもあります。

●決算報告に必要なおもな書類●

1 収支計算書（収入明細書、経費明細書を含む）

年度内に発生したすべての収入と支出の内容を明らかにして当会計年度の収入、支出、残高を予算額と対比して記載した計算書

収支計算書

第10期（2019年4月～2020年3月）
〇〇マンション管理組合
管理費等合計　（単位:円）

科目	予算額	決算額	備考
管理費	6,840,000	6,840,000	@570,000×12
収入合計	XXXXXXXX	XXXXXXXX	
管理委託費	5,040,000	5,040,000	@420,000×12
外注費計	XXXXXXXX	XXXXXXXX	

2 貸借対照表

年度末のすべての財産を記載し、管理組合の財政状態を表す。管理費などの滞納や前納もわかる

貸借対照表

第10期　2020年3月1日現在
〇〇マンション管理組合
管理組合全体　（単位:円）

資産の部		負債・資本の部	
科目	金額	科目	金額
普通預金	XXXXXXXX	負債の部	XXXXXXXX
定期預金	XXXXXXXX	前受金	XXXXXXXX
未収金	XXXXXXXX	未払金	XXXXXXXX
積立損害保険	XXXXXXXX		
		資本の部	
		修繕積立金合計繰越金	XXXXXXXX
		管理費等合計剰余金	XXXXXXXX
資産合計	XXXXXXXXX	負債・資本　合計	XXXXXXXXX

3 預金残高証明書

金融機関が発行したもの。定期預金、決済用普通預金の残高を確認できる

預金残高証明書

〇〇マンション管理組合　御中
△△銀行　××支店

令和2年3月31日現在における貴方ご名義下記勘定残高について相違ないことを証明します。

種類	口座番号	金額
普通預金	3636989	XXXXXXXX
定期預金	1234567	XXXXXXXX

4 監査報告書

監事が会計監査を行い、監査方法と内容の確認を報告する

監査報告書

私は、平成31年4月1日から令和2年3月31日までの第10期における会計および業務の監査を行い、次のとおり報告する。

①監査の方法
××
②監査意見
××

令和2年4月25日

〇〇マンション管理組合
監事　山本　雄一　㊞

マンションに関する法律はどんなものがある？

マンションについての主な法律

マンションには関係する法律がたくさんあります。管理組合にとって、義務を負う面もありますが、運営するうえで心強い味方にもなってくれます。

マンションの分譲時の契約に関係するのは「**民法**」「**宅地建物取引業法**」です。気づかなかった欠陥があったときの損害賠償などが定められています。

管理組合や集会などに関する基本的な法律が、「**区分所有法**」です。昭和37年に施行されて以来、マンションの現状や区分所有者のニーズに合わせて、何度も改正が重ねられています。

マンションが増えるにしたがい、管理組合と管理会社とのあいだでさまざまなトラブルが起きました。そこで平成13年に施行されたのが「**マンション管理適正化法**」です。この法律は、運営の主体は区分所有者と組合にあることを明らかにし、管理会社の登録制や管理組合に対して重要事項の説明を行うことなどを定めています。

やがてやってくる建て替えに際し役立つのは「**マンション建替円滑化法**」です。平成14年に、古びて危険なマンションの建て替えを支援するためにつくられました。

建物や設備の安全のための法律や規約

「**建築基準法**」には、建物や設備の最低基準が示されています。安全確保に役立つだけでなく、災害に備えての点検についても定められています。「**消防法**」は、集合住宅での火災予防や防災体制の整備、避難設備について定められた法律です。

●マンションに関するおもな法律とマニュアル●

●法律

マンションについての基本的な事柄が知りたい…	「区分所有法」（マンション法）	マンションに関する広範囲な事柄についての法律
マンションの管理について知りたい…	「マンション管理適正化法」	組合と区分所有者が同じく責任をもち、協力して管理するための法律
マンションの建て替えについて知りたい…	「マンション建替円滑化法」（円滑化法）	マンションの建て替えがスムーズに行われるための法律
マンションの購入時の取引契約について知りたい…	「民法」「宅地建物取引業法」	マンションに欠陥があったときの損害賠償請求や保証期間などについて定められている
新築マンションの欠陥の保証について知りたい…	「住宅品質確保促進法」（品確法）	新築マンションや住宅の基本構造に欠陥があった場合の保証期間が定められている
建物の建築基準や設備について知りたい…	「建築基準法」	建物の安全を守るための敷地建築構造、設備などの最低基準が定められている
防災設備について知りたい…	「消防法」	集団住宅の避難・消火設備の点検期間、火災予防、防災体制の整備などが定められている

●マニュアル（国土交通省発行）

マンションの改修について知りたい…	「改修によるマンションの再生手法に関するマニュアル」	建築後30年以上のマンション改修について解説
マンションの耐震について知りたい…	「マンション耐震化マニュアル」	マンションの耐震診断、耐震のための改修実施に関する手続きなどについて解説
マンションの建て替えをうまく進める方法を知りたい…	「マンション建替えに向けた合意形成に関するマニュアル」	建て替えでの権利をもつ関係者が合意するための手順などについて解説
マンション建て替えの実務について知りたい…	「マンション建替え実務マニュアル」	建て替えでの法律上の手続きや計画の策定などの実務について解説

マンションの保険にはどんなものがある？

マンションには損害保険が不可欠

マンションで火災やガス爆発などの事故が発生した場合、被害は原因者だけでなく、ほかの専有部分や共用部分に及び、被害額が多額になる場合が考えられます。

また、原因者が特定できない場合、損害を修復する費用は原則として組合員全員で負担することになっています。

管理規約に明記してあれば、損害保険の加入は管理組合の業務になります。

マンションでもっとも恐ろしいのは火災やガス爆発などです。それらを補償する「**火災保険**」を基本に、やや補償範囲が広い「**住宅総合保険**」などを検討し、共用部分全体を一括して加入して、災害や事故に備えましょう。

そのほかの損害保険も検討を

火災保険や住宅総合保険だけではカバーできない対人・対物への補償に備え、そのほかの損害保険の加入も検討しましょう。保険会社によって名称や内容の違いはありますが、マンション特有の損害を補償する保険がいろいろあります。

また、保険料が掛け捨てではなく、満期時に満期返戻金と配当金が受け取れる「**積立型マンション総合保険**」もあります。修繕工事の実施時期に満期になるようにプランを立てれば、工事費用に充当することも可能です。

損害保険は、いったん加入したら毎年同じ条件で更新ということではなく、補償が必要となるいろいろな場合を想定して数年ごとに見直しをしましょう。

● マンション特有の損害保険 ●

1 ガラス保険

強風などで、共用部分のガラスが事故によって破損した場合、修復費用を補償します。

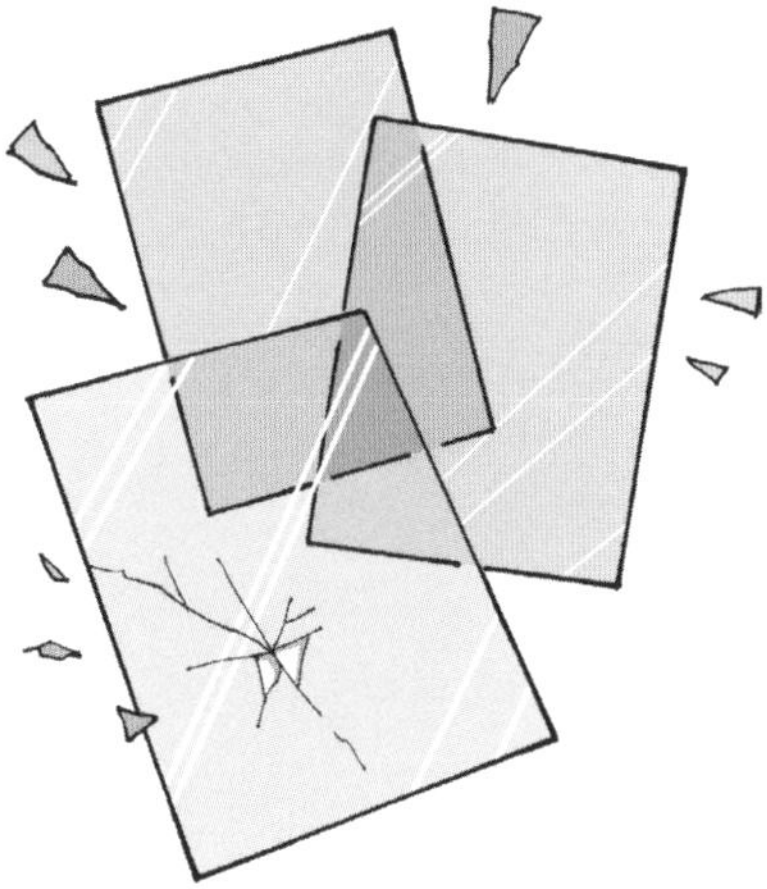

2 施設所有者・管理者賠償責任保険

外壁がはがれ落ちて通行人にケガを負わせた場合など、共用部分の管理が原因で起きた事故に対して管理組合が責任を負う場合の補償をします。

3 昇降機賠償責任保険

エレベーターの出入口に段差ができてしまい、つまずいて転倒した人がケガをした場合など、管理組合の賠償責任を補償します。

4 地震保険

地震を原因とする火災は一般の火災保険が適用されません。地震保険の加入を。

5 個人賠償責任保険

洗濯機の水があふれ階下の部屋に損害を与えたなど、専有部分の管理が原因の損害を補償します。

6 機械保険

閉じかけたエレベーターの扉をむりにこじ開けようとして制御装置が壊れたなど、マンションの機械設備の補償をします。

広報活動はどうやる？

広報の役目は情報を正確に知らせること

管理組合運営をスムーズに進めるには、組合活動を知り、興味をもってもらうことが何よりも大切です。それには広報活動が大きな力になります。

まず広報紙や掲示板で、今起きている問題やニュースなどをわかりやすく知らせましょう。とくに専有部分に立ち入る必要のある設備点検などについては、よく知っておいてもらう必要があります。点検する設備とその理由、周期、費用などの一覧表を掲示するといいでしょう。

組合について親しみやすいイメージをもってもらうには、広報紙が効果的です。専門用語などは極力使わず、だれにでもわかるようにすっきりと読みやすくまとめるのがポイントです。

手にとって読んでもらえるよう、楽しいイラストを入れる、見やすいデザインにするなど、見せる工夫をしましょう。

ホームページを活用する

最近では、ホームページをもつ管理組合も増えています。管理会社のサービスや、ホームページ作成ソフトを使えば比較的簡単にできます。意見が交換できる居住者専用の掲示板やアンケートも簡単にできて便利に使えます。

注意点は、理事会役員の名簿や総会の議事録、予算・決算などについて、部外者が閲覧できないよう、パスワードを設定すること。またパソコンを使わない人にも情報がきちんと伝わるような配慮も必要です。

●読みやすい広報紙をつくる●

★楽しい行事では、写真を大きく使うと紙面が明るくなる

★読んで欲しい大事な記事はめだつようにいちばん上の位置に

令和○年○月○日発行

○○マンション ニュース 第○号

お知らせ

消防設備点検を行いました。点検箇所は下記のとおりです。

消火器（各階段）

粉末消火器（駐車場）

非常警報設備（集会所）

地震、火災があったときに備え、自宅からの避難ルートを確認しておきましょう。

がんばったぞ！ ○○地区体育祭

去る○月○日、秋晴れの下、○○小学校で地区体育祭が行われました。

わが○○マンションは、○○地区と合同で、玉入れ競争とむかで競争、綱引きなどに参加し、綱引きでは見事2位入賞！ むかで競争では健闘及ばず5位に終わりましたが、チームの結束は固く、いい汗をかくことができました。打ち上げのビールは最高の味でした。

来年も多数の参加を期待しています。

害虫に注意！

今年は暑さのためか、例年になく害虫の被害がひどいようです。

先日は4号棟の出窓下からハチが侵入して室内に巣を作り、刺されるという被害が出ました。

さいわい軽症ですみましたが、植栽のそばやベランダに出るときは注意して、ハチの巣がないかどうかに気をつけてください。

鉄部塗装アンケート調査について

アンケート調査にご協力ありがとうございました。

調査票の回収は、68/95戸でした。回収率が低いと作業予定も伸びてしまいます。

鉄部塗装は長期修繕計画のひとつであり、建物の維持管理の一環です。

修繕工事には居住者全員の協力が必要です。

皆様のご協力をお願い致します。

管理人室だより

気持ちのいい秋です。花壇では、先だって園芸クラブのみなさんが植えたコスモスが風にゆれています。

このマンションに来るようになって半年が過ぎ、ようやく慣れてまいりました。まだいたらぬところもありますが、みなさんのご協力にはいつも感謝しております。見かけたら、どうぞお声をおかけください。

★危険なので注意をひきたい事項は、めだつようなデザインに

★タイトルのデザインを変える、適宜囲み記事にするなど、メリハリのある紙面づくりを

★コスモス、桜など花のイラストも季節を感じさせてくれるのでお勧め

議事録はどう書く?

総会議事録の作成と保管は理事長の責任

総会での議事録作成は、管理会社に任せている組合が一般的ですが、最終チェックは議長（理事長）がしましょう。議事録には、開会から議案の討議、表決、報告など、閉会に至るまでの議事の経過と、決議の結果が記載されます。

さらに組合員総数と議決権総数、出席組合員数、また議案ごとの賛成組合員数・議決権数などの記載も不可欠です。話し合いの細かいやり取りをすべて書く必要はなく、要約してあればかまいません。最後に議長と総会に出席した組合員2名が署名押印します。総会終了後は、なるべく早く作成しましょう。

理事長には、議事録を保管し請求があれば閲覧させる義務があります。「議事録を作成しない」「記載すべき事柄を記載しない」「虚偽の記載」といった場合、区分所有法により理事長は罰せられることがあります。

理事会議事録は総会の場合に準じる

理事会の議事録は、総会の議事録に準じることになります。

管理会社に作成を任せる場合もありますが、書記を担当した理事がメモ、録音などの記録をとって作成するケースがほとんどです。たとえ管理会社の担当者に依頼する場合でも、書記担当理事が誤字や脱字、審議内容の記載漏れがないか必ず確認します。

書き上がった議事録は議長（理事長）と出席した理事2名に回覧し署名押印を依頼するようにしましょう。完成したら、掲示か回覧によって区分所有者に知らせます。

● 理事会議事録の例 ●

理事会議事録

令和○年○月○日午後７時より、○○マンション集会室において、理事中村耕介、田中健一…の7名及び佐藤祐二監事の出席のもとに理事会を開催し、下記の議案を可決、承認のうえ、午後９時に閉会しました。

理事長：中村耕介は議長となり、議事に入る旨を告げ、議案説明に入る。

議案１．管理規約確認の件

「理事会」

第55条（理事会の会議と議事）：過半数の出席と、採決は過半数で行う

この条項について、規約第39条を遵守することで承認されました。

「共用部分の範囲」

第8条：対象物件のうち共用部分の範囲は、別表2に掲げるとおりとする

議案２．自転車駐輪料値上の件

案件について、近隣のマンションなどの調査結果や駐輪場の運営も考慮し、下記の値上案を総会議案とすることで承認されました。

		（現行）	（改定）
普通自転車（子供車含む）	１台	1カ月　100円	1カ月　200円
自動二輪車（原付含む）	１台	1カ月　200円	1カ月　300円

議案３．その他・報告事項

通常総会の開催日時について

令和○年○月○日（日）午前9時30分の開催と承認されました。

以上の決議を明確にするためにこの議事録を作成し、議長及び出席理事2名がこれに署名押印する。

令和○年○月○日

○○マンション管理組合
議長　理事長　中村耕介
副理事長　小林　治
理事　渡辺純彦

地域コミュニティとのつき合いはどうする？

地域の人たちと親しくつき合いきずなを強める

近年、「マンションは個人資産というだけでなく、大切な社会資産である」という考え方が有力になっています。

それにつれ、標準管理規約なども住民同士や地域とのコミュニケーションをより重く見るよう改正されてきました。

マンションやその近隣の住民が、いろいろな活動や行事を通してお互いに知り合い、きずなを強めていくことの大切さが見直されています。

例えば、震災など大規模な自然災害への対策や、地域の凶悪犯罪を未然に防ぐこと、近隣とのトラブルの防止という点でも、地域と連携する意味は大きいのです。

マンション居住者も地域社会の一員

新しいマンションの住民が、地域住民と交流しないケースがよくありますが、地域との関わりは子ども会や老人会、婦人会などを通し、個人的なつき合いから始めましょう。

子ども会活動やお祭りなど、子どもが関わる活動を通して、マンションに住むファミリー世帯と近隣の住民が交流する機会は自然と増えるものです。

そんな身近なつき合いから始まり、マンションのイベントを町内の自治会と合同で行うなどにつながれば、徐々につき合いの幅が広がっていき、地域との結びつきも強まります。

大事なのは、マンションの住民も地域社会の一員であるという気持ちをもつことです。

●コミュニティづくりの例●

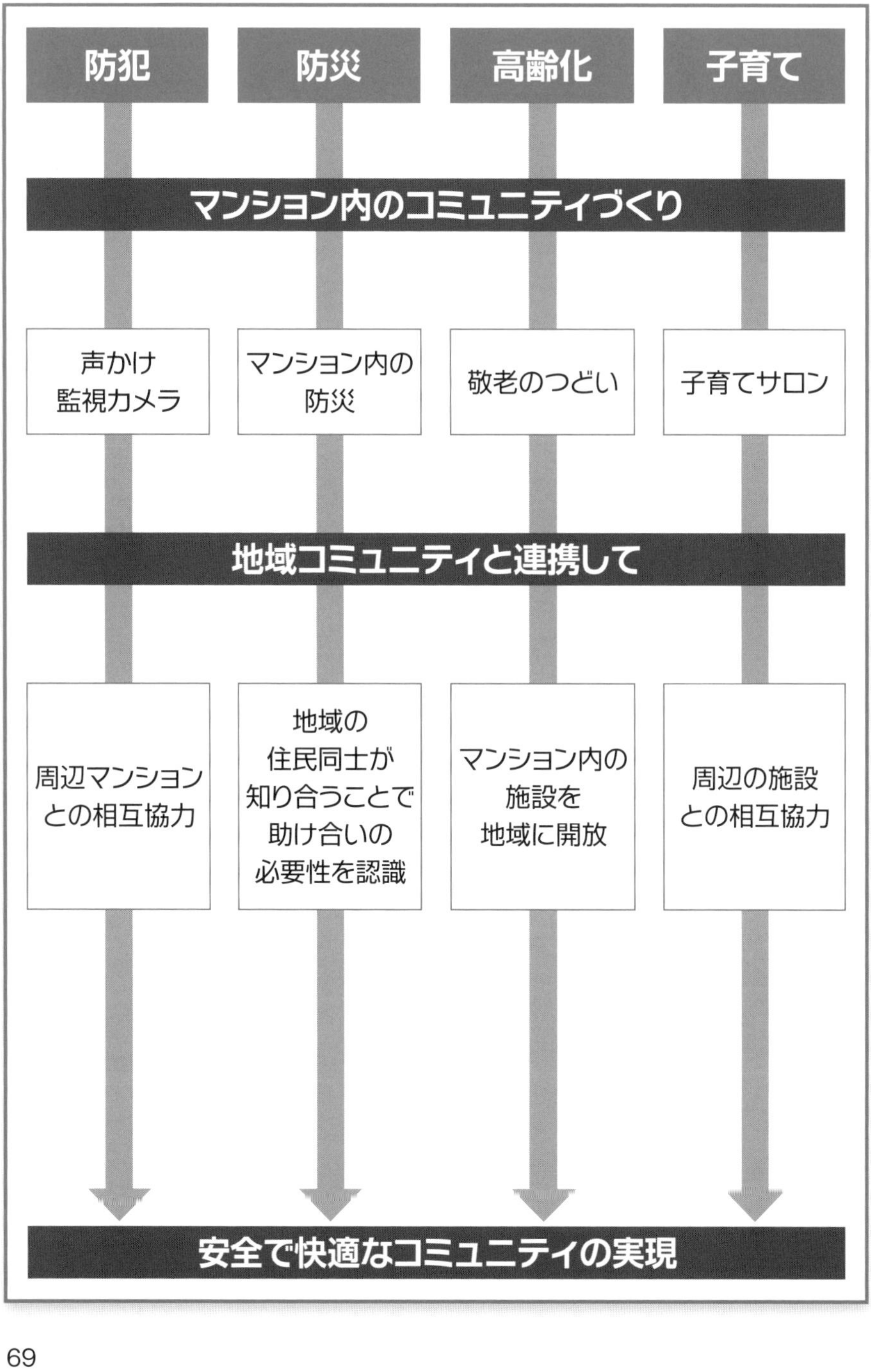
防犯
防災
高齢化
子育て
マンション内のコミュニティづくり
声かけ
監視カメラ
マンション内の防災
敬老のつどい
子育てサロン
地域コミュニティと連携して
周辺マンションとの相互協力
地域の住民同士が知り合うことで助け合いの必要性を認識
マンション内の施設を地域に開放
周辺の施設との相互協力
安全で快適なコミュニティの実現

マンション居住者の高齢化対策はどうする?

マンション居住者の高齢化は加速している

平成25年度の国土交通省の調査では、マンションに住む40歳代以下の世帯主は減少傾向にあるいっぽう、60歳代以上の世帯主の割合は増加傾向にあり、平成25年度では半数になり、30年度でも高齢傾向が顕著になっています。

居住者の高齢化にともない、永住意識も強まっており、平成30年度の調査では60%以上の区分所有者が、今のマンションを終《つい》の棲《すみ》家《か》と考えているという結果が出ています。

高齢化に対処するマンション

永住希望者が多くなるにしたがい、なるべく長期にわたって住み続けられるように長期修繕計画を見直す必要があります。

階段に手すりをつける、エントランスにスロープをつける、転倒の危険のある場所の照明を変える、などバリアフリーに配慮した環境づくりはこれからのマンションには欠かせないテーマです。

こうしたハード面だけでなく、ソフト面でも高齢者をサポートする方法はあります。例えば、高齢者へのボランティア活動をするグループに集会室を開放したりして、管理組合全体でいっしょに支援する方法も有効です。

さまざまな活動から世代を超えた交流が生まれれば、高齢者の孤立を防ぐとともに助け合いの気風も生まれます。

年齢や立場の違う人々が協同で対処できる、マンションという共同住宅のメリットを活かせば、多くの人がより安心できる暮らしを送れるようになるでしょう。

● 高齢化の実態 ●

●世帯主の年齢

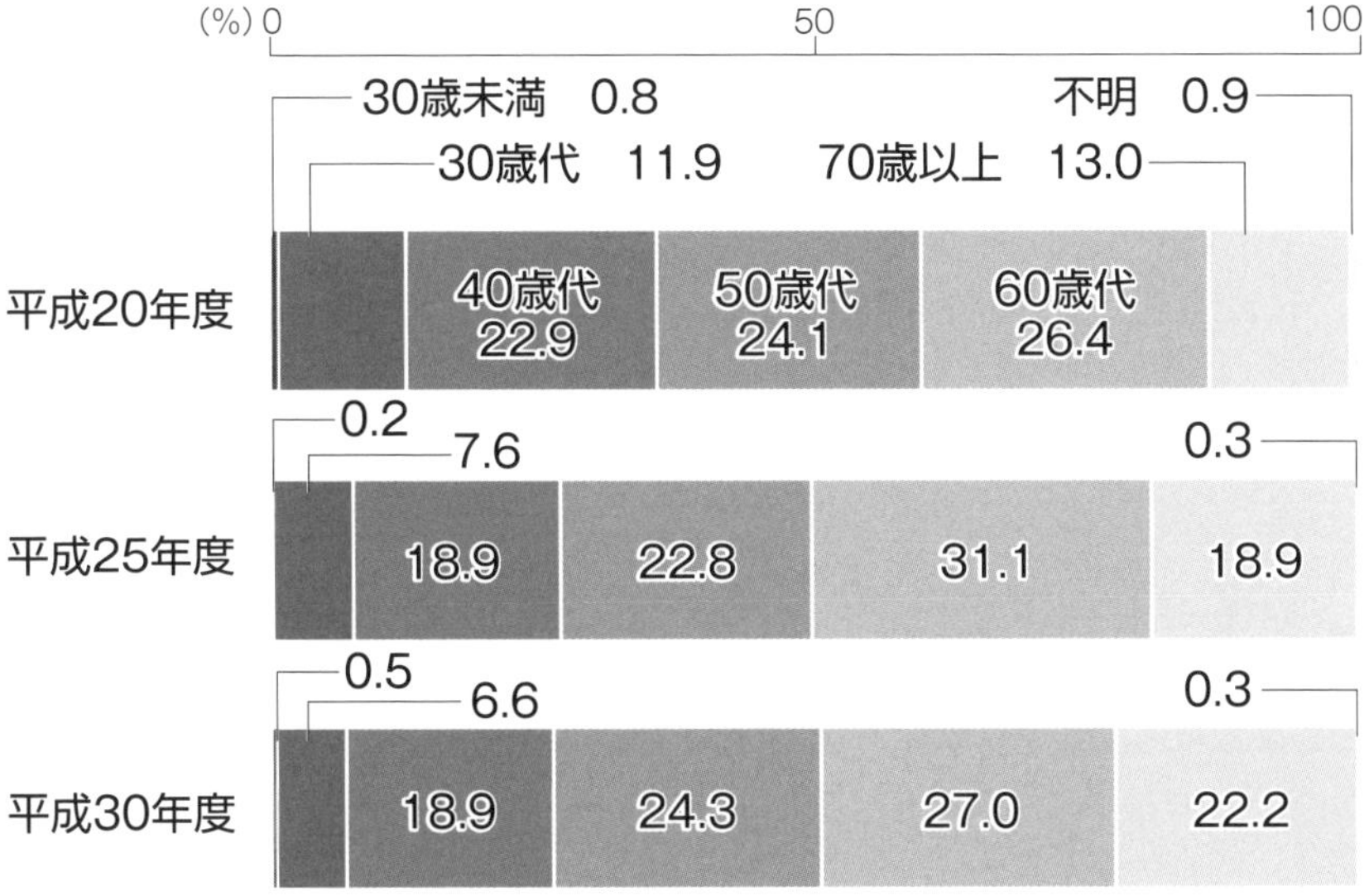

●永住意識

平成5年度から平成20年度の変化を見ると、マンション居住者がマンションを"終《つい》の棲家《すみか》"として考える傾向が高まっていることがわかる。平成20年度以降は約半数の区分所有者が永住意識をもっている

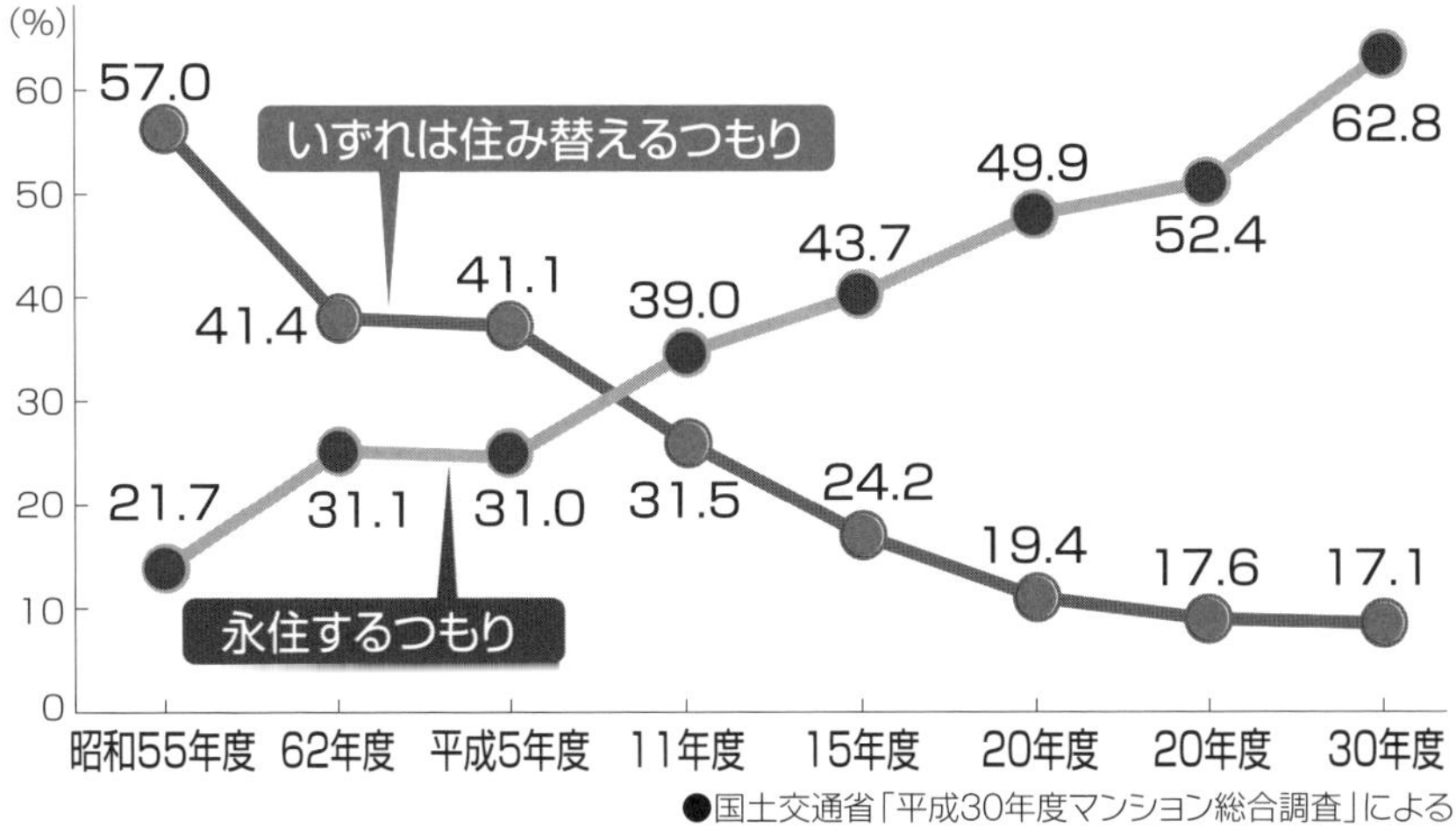

●国土交通省「平成30年度マンション総合調査」による

マンションでのコミュニティ活動のすすめ

住民同士のコミュニティが重要！

同じマンションにどんな人が住んでいるのか、居住者がお互いに知り合うのは大切です。

ふだんからつき合いがあり、まとまりのあるコミュニティなら、日常的な問題もトラブルになる前に防げる可能性が高まります。大規模修繕工事など大きな問題で合意を得るのも、よりスムーズになるでしょう。

趣味のクラブは、コミュニティ活動を活発にするのに効果があります。自発的にいろいろなクラブができるようになれば、マンションのお祭りや行事の企画を立てるなどの活動も活発になるでしょう。またそれが管理組合の役員のなり手を発掘することにもつながります。

集合住宅だからできること

集合住宅のメリットを生かした取り組みをしている管理組合も少なくありません。

フロアごとに食事会を開き、同じフロアの人同士が親しくなるきっかけをつくっているマンションもあります。花火大会の日に屋上を開放したビヤーパーティー、また共同で行う掃除や草取りなどはおしゃべりに最適です。

お互いの人柄に触れれば、そのあとのつき合いがスムーズにいくことも多いでしょう。集会所を利用した図書室、共用自転車やレンタルスペースの貸し出し、自前のバスを駅まで運行しているところまであります。

マンションによって、合う方法を試してみましょう。工夫次第で可能性は拡がります。

● コミュニティ活動の例 ●

1 催しの例

・総会の後で、マンション内の公園でパーティー
・マンションの菜園に芋の苗を植える芋植え会
・焼肉パーティー
・ビオトープでのザリガニ釣り大会
・フリーマーケット
・ファミリーコンサート
・防災訓練のあと、炊き出し訓練で作った料理の食事会
・地域散策ウォーキング

2 クラブやサークルの例

・菜園クラブ
・カラオケクラブ
・マレットゴルフクラブ
・囲碁愛好会
・絵画愛好会
・ハイキングクラブ
・写真クラブ
・高齢者施設へのボランティア
・居住者が簡単な大工仕事を引き受ける日曜大工クラブ

管理の実務編

防犯対策はどうする？

マンションはねらわれている

平成30年の都内での侵入窃盗は、住宅が54・9％を占め、そのうち4階建て以上のマンションは9・5％にもなります。

オートロックのマンションだからと安心せず、上層階の居住者でもベランダやトイレ、風呂場の窓などは必ず施錠しましょう。ねらわれやすいエレベーターには防犯カメラを、駐車場、ゴミ置き場などには照明灯をつけるのも効果的です。

防犯対策は人の目と用心が大切

泥棒は「地域の目」を嫌います。不審な人に声をかける、自治会と連携して定期的に見回るなども効果があるでしょう。

個人では、

・クレジットカードの請求書、宅配便の送り状、ダイレクトメールなどは宛名を破いて捨てる
・外出の時は電灯をつけておく
・窓に防犯用のフィルムを貼る

などの方法があります。

マンション全体で行う防犯対策としては、

・防犯カメラを設置する
・共用扉を暗証番号やカードで解錠するなどのシステムにする
・ドアや窓の開閉や、振動に反応する警報ブザーを設置する
・ベランダや庭にセンサーライトを設置する
・補助錠をつける
・窓ガラスを防犯用に換える

などがあります。個人でドアや窓など共用部分に手を加えることはできないので、理事会に提案し、総会の決議で承認されたのち、組合の費用で全戸の変更を行います。

●ねらわれないポイント●

1 見知らぬ人物がすぐわかる

住民に親交があると、空き巣も近づきにくくなります。

2 上層階でも忘れず施錠する

上層階だからといって安心していると、かえってねらわれます。

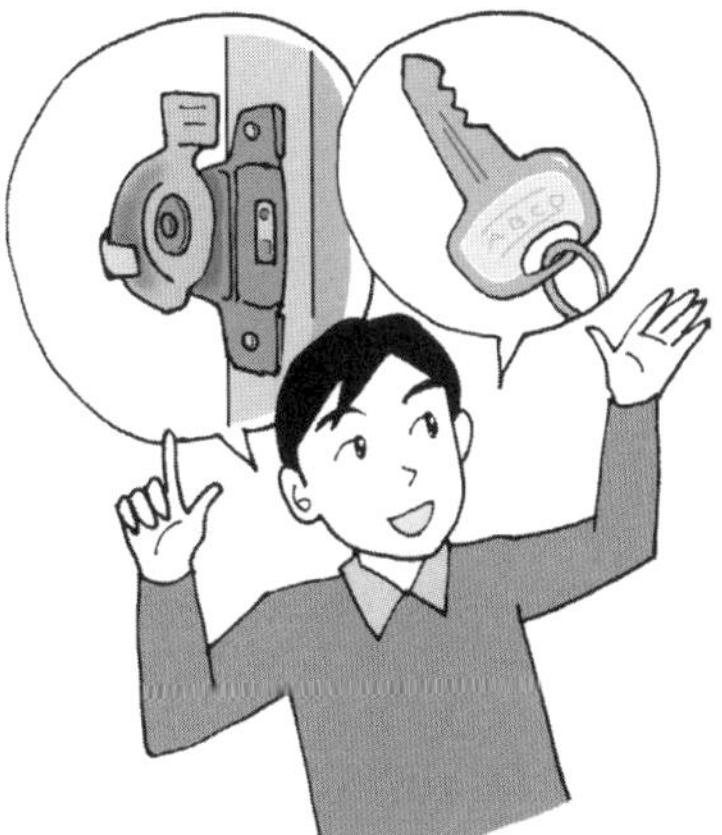

3 監視カメラが設置されている

人の目につかない死角が多いと、危険度は増します。

4 ガラスに防犯用のフィルムを貼る

ガラスが割れても侵入に時間がかかるので、泥棒はあきらめます。

防災対策はどうする？

防火管理者は区分所有者から選ぶ

消防法では、居住者50人以上のマンションには防火管理者を置くことが決まっています。防火管理者は消防用設備の点検と管理、消防計画の作成、避難訓練の実施などを行います。マンション全体の防災訓練の実施も、年1回程度が望まれます。

防火管理者は管理会社に委託もできますが、自主的な管理という意味からも区分所有者の中から選びましょう。各地の消防機関で1～2日程度の講習を受講すれば、資格を取得できます。

マンションならではの災害対策

地震などの災害に対しては、マンション全体で取り組む姿勢が必要です。集合住宅のメリットを生かし、お互いに助け合えれば、災害時やその後もより安全に過ごせるでしょう。

組合が行う災害対策、食料品・水・医薬品などの備蓄、マンション内から外への避難経路や災害時の避難場所などを住民に知ってもらうことも大事です。行政の発行するハザードマップや災害対策情報も積極的に入手し、広く知らせましょう。

さらに住民の家族構成などを記した名簿があれば、高齢者を優先的に救助することができ、住民の安否確認に役立ちます。

名簿作りに関しては個人情報保護の問題があります。自治体や民生委員と連携して、根気よく本人の同意を得、目的以外に使用しないこと、また保管を厳重にすることなどに十分な注意を払う必要があります。

●災害に備えてのチェック●

1 地震

□屋上の高架水槽がしっかり固定されているか
□屋外の階段が建物にしっかり固定されているか
□エキスパンションジョイント（建物同士を接合する部分）の金属がはずれ落ちていないか
□住戸のドアや非常ドアが開閉できるか
□外壁のタイルがはがれ落ちていないか
□避難口がふさがっていないか
□避難はしごは使えるか

2 強風

□エキスパンションジョイントがきちんとしているか
□屋上のテレビアンテナなどが落下する危険はないか
□各住戸のバルコニーから物干し金具や植木鉢などが落下する危険はないか

3 集中豪雨

□屋上のドレン（排水のための管や溝）部分にゴミがたまっていないか
□ドレンの防水仕上げ部分の色が変わっていないか、コケがついてなく、排水管が機能しているか
□建物周辺で雨の後、いつも水たまりになる箇所はないか
□廊下やバルコニーの排水は大丈夫か
□ルーフバルコニー（階下の屋根を利用したバルコニー）の床に雨水がたまっていないか

4 落雷

□避雷針の先端の突針部分が落ちていないか

5 全員の避難に備えてチェックする箇所

□廊下や非常階段の幅　□踊り場の広さ
□手すりの有無　□非常灯の点灯時間
□バルコニー、隔板、避難ハッチ上の障害物の有無

管理の実務編

トラブルになったときの解決策は？

思いやりの気持ちがトラブル回避につながる

マンションのような集合住宅では、他人同士が壁やコンクリート1枚をはさんで生活しています。こういう状況では「迷惑はお互い様」という気持ちがないと、とくに騒音などのトラブルが起こりがちです。もし人間関係が円滑にできていれば、大きな問題にまで発展しないでしょう。

法律での対処は最後の手段

それでもトラブルになった場合、まず当事者同士で話し合うべきですが、近くに住む人には苦情を言いにくい場合もあるでしょう。当事者同士は感情的になって、解決が難しくなることも多いようです。しこりを残さず解決するには、理事会が間に立つほうがいい場合もあります。両者の主張をよく聞き、段階を踏んで穏やかに注意します。それでも迷惑行為が続くようなら、理事会の決議を経て理事長が行為を止めるよう勧告や指示、警告をします。

もしトラブルに関して管理規約に決まりがなければ、総会で決議し、管理規約や使用細則に決まりを作りましょう。

何度注意しても受け入れないときは、理事長の名で「内容証明郵便」を送付します。

さらに、区分所有法には、迷惑行為を続ける区分所有者に対して管理組合は、専有部分の使用禁止や競売請求などの訴訟を起せることが定められています。

暴力団がマンションの一室を事務所として使用していたケースで、そうした訴訟によって追放した例もあります。

●トラブルになったときの対処法●

①当事者同士で話し合う

↓

②理事が間に立って穏やかに話し合う

↓

③あきらかに非がある場合は、一般論として、掲示板などで注意を促す

↓

④何度か注意しても効果がない場合は、名前を出すと警告する

↓

⑤理事会にかけ、通ったら理事長から勧告、指示、警告を行う

↓

⑥問題事項を禁止する決まりがなければ、新しく規約をつくる

↓

⑦内容証明郵便を出す

↓

⑧総会で決議し、違反した区分所有者の専有部分の使用禁止を請求する（専有部分から一時追い出す）

↓

⑨裁判を起こし、違反した区分所有者の建物･土地に関する権利の競売を請求する
賃借人の場合は、貸借権の解除を裁判所に請求する

COLUMN

管理員には頼めることと頼めないことがある

管理員は管理委託契約に基づいて業務を行っている

うちのマンションは管理人が「良い・悪い」「あたり・はずれ」といった住民の声はよく聞きます。管理員もほかの職業と同様に、よく働く人、よく気がつく人がいるし、そうでない人もいるでしょう。

「あたり・はずれ」というのは正直な感想でしょうが、非が管理員にないことも少なくありません。住民が管理員の仕事の範囲がよく理解できずに、一方的に「不親切」と思い込んでしまうケースです。

管理員は自分の意志で日々の仕事をこなしているのではなく、管理組合と管理会社の間で交わされた「管理委託契約」に基づいて、業務を遂行しています。管理委託契約以外の仕事は、原則的には行う必要はありません。例えば、「駐車場から車を出すとき、後ろを見ていてほしい」と頼まれても、契約以外の手伝いですから、管理員は応じないのが普通です。

管理員にはできることとできないことがある

管理委託契約以外の業務はする必要がない、と同時に管理員が立ち入ってはいけないこともあります。隣同士のトラブルなどは、管理員が仲裁するのは越権行為です。クレームが届いたら、理事長に報告し、理事会で判断してもらうのがルールです。

このように「管理員がしてはいけない親切」もあるので、役に立ってくれないからと「はずれ」と決めつけるのは気の毒です。

●管理員とつき合うマナー

①顔を見かけたらあいさつ

②管理委託契約以外の仕事は依頼しない

③依頼主だからといって、命令口調で話すのは慎む

④プライベートのつき合いは控えたほうが無難

⑤契約内の仕事の不履行は、理事会を通して抗議する

第3章

マンション行事の年間カレンダー

マンション行事カレンダー

ある中規模マンションの1年間

4月	5月	6月	7月	8月
前年度の理事による「事業報告書」と「事業計画書」の作成	**定期総会** 「①決算と事業報告」「②予算と事業計画」「③新任の役員の選出」	**植栽ボランティア** 管理費のコストダウンを図り住民によるボランティア	**夏休みの防犯パトロール** 夏休みに起きやすい、子どもを対象にした犯罪を防ぐためのパトロール	**夏祭りや盆踊り大会** 地域の夏祭りや盆踊りに参加して交流を図る
	清掃ボランティア 「ごみゼロ運動」の日にマンション内外の清掃活動			
・前年度の理事会 ・理事会の議事録（回覧・掲示）	・理事会 ・理事会の議事録（回覧・掲示）	・理事会 ・理事会の議事録（回覧・掲示）	・理事会 ・理事会の議事録（回覧・掲示）	・理事会 ・理事会の議事録（回覧・掲示）

●年1回開く「定期総会」は開催時期が、会計年度末から2カ月以内と決められているので、3月末が会計年度末なら、4月末から5月にかけて開催されます。通常の年であれば、「①決算と事業報告」、「②予算と事業計画」、「③新任の役員の選出」などが主な議事です。

総会で新しい役員が選任されたら、さっそく第1回目の理事会が招集されます。

●5月30日のごみゼロ運動に合わせて居住者による清掃や植栽のボランティアを行うマンションもあります。

9月	10月	11月	12月	1月	2月	3月
			**防犯講習会・防犯パトロール** 年末に向かい、防犯講習会・防火講習会や夜間パトロールを実施	**餅つき大会** 幅広い年齢の住民が参加できるイベント	**新しい理事候補の選出と引き継ぎ** 次年度の理事候補を選出し、スムーズな引き継ぎを行う	**年度の締めくくり** 理事会で1年の反省を行い、次年度につなげる前向きな提案を
防災・避難訓練 9月1日の防災の日の前後に行い、そのあと親睦会を実施	**運動会** 地域の運動会に参加して交流を深める	**地域のバザー** マンション独自か地域のバザーなどに参加して交流を深める	**クリスマス会** 子どもたちの交流を図るためにお楽しみ会を実施			
・理事会 ・理事会の議事録（回覧・掲示）	・理事会 ・理事会の議事録（回覧・掲示）	・理事会 ・理事会の議事録（回覧・掲示）	緊急の議題がない場合は、多忙な時期なので理事会はお休み	・理事会 ・理事会の議事録（回覧・掲示）	・理事会 ・理事会の議事録（回覧・掲示）	・理事会 ・理事会の議事録（回覧・掲示）

※各行事はあるマンションの例です。

●夏休みは子どもたちのレクリエーションも兼ねて、夏祭りや花火大会などを行うこともあります。また、町内会などが主催する盆踊りに参加することもあります。

●防災の日の前後に「防災・避難訓練」を実施することもありますが、10～12月と火事が増える時期に行うマンションもあります。

●年末には防犯・防災パトロールを実施することもあります。年末年始には忘年会、新年会、餅つき大会などのレクリエーションが楽しみです。

●1月も後半になると、理事会では新年度の役員の選出が話題に上ります。同時に年度末にかけて決算、事業報告書の作成など新年度に引き継ぐための仕事が待っています。

定期総会を開く

「開催のお知らせ」には「議案書」を添付する

4月～翌3月を年度とする管理組合では、3月に年度の会計を締めて、5月中旬から下旬にかけて「**定期総会**」が開催されることが多いようです。

管理規約に定められた時期までに、総会の「お知らせ」を出します。総会の日時、場所、議題（会議の目的）を記しますが、区分所有者個々に議題について検討してもらう必要があるので、「お知らせ」といっしょに「総会議案書」（以下、議案書）を添付するのが一般的です。

「お知らせ」には欠席の場合の「委任状」「議決権行使書」を添付しますが、マンション標準管理規約に則り、できる限り自分の意思を表示した議決権行使書を提出してもらい、委任状の場合は「代理人を指名した委任状の提出を求めましょう。

司会者が開会を宣言し、議題について話し合う

総会では、司会者が開会を告げたあと、管理規約に則《のっと》って議長を決めます。

議長は出席者・委任状などの数を告げ、管理規約どおり総会が成立することを報告します。

理事会から議題を提出し、区分所有者に順次検討してもらいます。質疑応答を行い、採決をとって採否を決定します。

「新任役員承認」の議題がある場合は、承認を受けたら、新理事長から、副理事長と順次、新任の抱負などのあいさつを行います。

退任の役員もあわせてあいさつを行います。

● 定期総会開催のお知らせ ●

❶開催する日時と場所は、わかりやすく大きく書く

❷その日の議題（会議の目的）を記載する

○○マンション管理組合の皆様へ

令和△年○月○日

定期総会開催のご案内

○○管理組合規約（第○○条）に基づき、平成○年度第7期定期総会を下記の通り開催致します。万障お繰り合わせのうえ御出席くださいますよう、お願い申し上げます。

○○マンション管理組合
理事長　田中　一夫

記

日　時……令和△年○月○日（日）　午後2時開催❶
場　所……○○集会所

3. 議題❷
（第1号議案）令和○年度事業活動報告及び収支決算報告の件
（第2号議案）令和△年度 役員承認の件
（第3号議案）令和△年度事業計画承認の件
（第4号議案）令和△年度予算承認の件

…………………………………… お願い ……………………………………

※当日は、配布の「定期総会議案書」❸をご持参ください。
※欠席の方は必ず別紙の「欠席時委任状（○○に委任します）」または「欠席時議決権行使書」❺を提出してください。準備の都合がありますので、出席の方も「出席通知書」をご提出ください。

令和△年○月○日まで❹に、次の各棟理事または管理事務所にご提出をお願いいたします。

1号棟 理事　○○○○　2号棟 理事　○○○○　3号棟 理事　○○○○

注意★総会に欠席する場合、組合員の意思を反映させるために「委任状」よりも「議決権行使書」によって自らの賛否の意思を表示しましょう。
★委任状を提出する場合は、区分所有者の立場から利害が一致すると考えられる代理人を指名しましょう。

以上

❺議決権行使書は、出席できない区分所有者の意見を反映させるためにも添付したい

❸欠席者が議決権行使書に賛成か反対かを記入できるよう、議題の内容を詳しく書いた議案書を必ず添付する

❹締切日もめだつように書く

定期総会の当日の流れ（例）

●司会者のあいさつ

①開会を宣言 （0：00）

司会者、あるいは議長が開会を宣言する

②議長の選任 （0：10）

規約にない限りは理事長が議長を務めるのが一般的

●議長のあいさつ

③定足数の確認 （0：20）

議長は組合員総数、議決権総数、出席組合員数及び議決権数を報告し、本総会の成立を宣言する

④議事録署名者の選任と承諾 （0：30）

規約になければ署名人数は2名が一般的。出席した区分所有者から指名する

⑤各議案の説明や報告を行う （0：40）

事業報告は管理会社の担当者が行うこともあるが、理事長か理事が行うのが望ましい

⑥議案ごとに質疑応答

1人に時間をとられすぎないよう、「3分以内」などと制限時間を設けてもよい

⑦採決をする

採決は拍手、挙手、起立などどんな方法でもよいが、特別決議では挙手か起立で行う

⑧議長の解任 （1：40）

⑨司会者の閉会あいさつ （1：50）

※それぞれのあいさつ事例は87～88ページに掲載しています。

定期総会の流れとあいさつ

❶本日はお忙しいところ、ご出席いただきありがとうございます。定刻となりましたので、○○○○管理組合の第○○回定期総会を開催いたします。

❷それでは本総会の議長を選出したいと思いますが、規約第○条○項の規定により、理事長○○さんに議長をお願いいたします。

❶開会の宣言
❷議長の選任
司会者を置かない場合は、理事長が開催の宣言と、規約により自分が議長を務めることを述べます。

❸おはようございます。理事長の○○です。本日は議長を務めさせていただきます。受付での集計によりますと、総組合員数○名に対して、出席者○、議決権行使者○名、委任状提出者○名、合計○名となっております。したがって規約第○条第○項に定める総会設立の定足数を充たし、本会議が総会として成立することを確認いたします。

❸定足数の確認
議長は組合員総数、議決権総数、出席組合員数及び議決権数を報告、総会が成立していることを宣言し議事に入ります。

❹ところで議事録の作成にあたっては、規約第○条第○項に定められているとおり、議長のほか出席者2名の署名を必要とします。もしどなたかいらっしゃらなければ、規定により議長から指名させていただきます。○号室の○様、○号室の○様、お願いできますか。

❹議事録署名者の選任と承諾
管理規約にあれば、議長が議事録を作成し、署名者を選びます。

❺ありがとうございました。では、同議案に関する質疑応答に移ります。質問のある方は挙手をお願いします。議長が指名しますので、指名された方は部屋番号とお名前をおっしゃってから、発言してください。

❻では、そろそろ採決に移りたいと存じます。第1号議案に賛成の方は挙手をお願いします。

第1号議案は賛成過半数をもって、（または4分の3以上の賛成をもって）可決（承認）されました

❼以上をもちまして、本日の議案審議は全て終了いたしました。

❽本日の総会を閉会させていただきます。長時間にわたり、ご協力ありがとうございました。

❺議案ごとに質疑応答
議事録に記載するため、発言者の部屋番号と名前を伝えてもらいます。

❻採決をする
普通決議か特別決議かによって賛成に必要な人数が違うので注意します。

❼議長の議事終了あいさつ
議長が議事の終了を告げた時刻を議事録に記載します。

❽司会者の閉会あいさつ
司会者が最後にお礼を言います。

理事長就任のあいさつ

❶〇月〇日の定期総会におきまして、17期の管理組合理事長を務めさせていただくことになりました、203号室の佐々木です。どうぞよろしくお願いいたします。

❷私がこのマンションに住んで、もう15年になります。前期にはじめて理事に就任し、今期は理事長に就任することとなりました。

❸今期は、給水・排水管取替工事などのあった昨年に比べると、それほどの大規模工事はないように思えます。しかしこのようなときこそ、よりよい住環境を整えるためにさまざまなことを検討し、案件を処理していくよい機会になると考えております。

❹例えば、長年の案件であった駐車場の確保、自転車・バイクの駐輪場の飽和などの問題、またほかにも長期的に継続していかなければならない案件も少なからずあることと思います。他の理事の方々、管理会社、管理人さん、区分所有者および居住者のみなさんとともに、懸案事項に取り組んでまいりたいと考えております。

❺みなさまのお力をお借りして、1年間の業務を進めていきたいと思いますので、ご指導ご鞭撻のほど、よろしくお願いいたします。

❶自己紹介
同じマンションの住人なので、自己紹介はごく簡単にすませます。

❷理事の経験をアピール
経験をアピールすれば安心感を与えられます。

❸今期の抱負
大規模修繕工事がない年度だからこそという、前向きな意欲を示します。

❹具体的な目標
目標を具体的にあげると説得力が増します。

❺協力のお願い
これからの任期での協力を求めます。

理事の自己紹介

◎若い男性の場合

ご紹介いただきました、201号の武田と申します。引っ越してきたばかりで、まだ右も左もわからないような状態ですが、❶**みなさんの足を引っ張らないようにやっていこうと思っております。**いたらないこともありますが、よろしくお願いします。

◎女性の場合

402号の渡辺でございます。このたび理事をやらせていただくことになりました。なにぶんはじめてのことなので、何かと行き届かない点があると思いますが、A**みなさんのご意見をうかがいながら、**さらに住みやすいマンションにしていけたらと思っております。どうぞよろしくお願いいたします。

◎再任の男性の場合

❷**前期に引き続き、**理事をやらせていただくことになりました702号の川原田です。微力ながら少しでもお役に立てればと思っています。よろしくお願いいたします。

❶協力を仰ぐ
新任の場合は素直に、不慣れなので協力がほしいことを述べましょう。

言い換え
A先輩方にいろいろうかがいながら

❷自己紹介はシンプルに
特に再任の場合は長い自己紹介は必要ありません。シンプルに名乗ればいいでしょう。

理事長退任のあいさつ

❶理事長として務めさせていただきましたこの2年間、はなはだ不安な毎日でしたが、ここに大過なく終えることができました。組合員のみなさまには心から感謝申し上げます。また令和○年度の役員の方々ならびに各専門委員のみなさまには、未熟な私をご支援いただき本当にありがとうございました。

❷今期は約半年にわたる大規模修繕工事がありましたが、みなさまのご協力により、無事に竣工できました。歴代の管理組合理事、長期修繕委員の方々のご苦労を実感いたしました。あらためてお礼を申し上げます。

❸残念ながら、次期の理事会へ引き継がなければならない大きな課題も残しております。とくに駐車場の整備については、特別委員会のお力をお借りして検討を進めてまいりましたが、具体的な説明会を開くまでにはいたらず、みなさまや次期役員の方々に対し、申し訳ない気持ちでいっぱいです。

❹新たな理事会体制での運営にも、引き続きみなさまのご理解、ご協力を賜りますよう、心からお願い申し上げます。

❺これからも、微力ながら○○マンションのために尽くす所存です。みなさまのご多幸と組合のさらなる発展を祈念し、はなはだ簡単ですが、退任のあいさつとさせていただきます。

❶支援のお礼
責務を終え、お世話になった方々にお礼を述べます。

❷大規模工事を済ませたお礼
大仕事を無事に終えたことへの感謝を表します。

❸やり残した仕事のおわび
やり終えられずに残した仕事についておわびします。

❹支援のお願い
あとを引き継ぐ人たちへの支援をお願いします。

❺発展の祈念
最後に組合の発展を願ってあいさつを終えます。

年間カレンダー／5月

「ごみゼロ運動」での清掃ボランティア

地域でのボランティアも大切

5月30日は「五三〇（ゴミゼロ）」の語呂合わせから、全国各地の自治体で「ごみゼロ運動」による清掃活動が展開されます。マンションでも独自で行ったり、地域の自治体と協同で「ごみゼロ運動」の催しを行ったりします。

地域とのコミュニケーションを深めるという意味でも、マンションの組合、自治会が中心となって提案し、気軽に参加するよう呼びかけてみましょう。

趣味と特技を生かしてもらう

大規模なものでなく、個人の趣味や特技を生かすのも、りっぱなボランティアです。

マンションに園芸クラブなどがあれば、理事会が呼びかけて植栽管理の専門委員会をつくり、植栽などを手伝ってもらえば、植栽管理費を削減できます。

できることは自分たちで行ってコストを削減するのもメリットですが、それより自分たちの技術が認められる、活動が他の人の役に立っているなどの意識が、ボランティア活動の活性化につながっていきます。

ボランティア活動を継続するコツ

ボランティア活動を活発にし、継続させるコツは、参加者に「また参加したい」と思わせ、続ける意欲をもち続けてもらうことです。

たとえば、住民同士の交流を促すために、活動のあとで親睦会などを行い、親しくなる機会をつくることも大事です。

清掃委員のあいさつ

❶みなさん、本日はあいにくの天気にもかかわらず、朝早くからお集まりいただき、ありがとうございます。○○マンションでは、市の「ごみゼロの日」に賛同して、○○町自治会と協同で、ボランティアによる清掃活動を行ってきました。前回は当マンションから15名の参加者があり、町内全体で80人以上の参加がありました。およそ2時間かけて町内を清掃し、ゴミはおよそ70キロ。空き缶はそのうち12キロで、このほとんどは再資源化されています。

❷まずマンションの中央スペースからはじめ、公園に向かいます。交通量の多いところもありますので、お子さんが飛び出さないようにご注意ください。

❸ゴミの分別は家庭ゴミの出し方と同じです。燃やせるゴミと燃えないゴミ、ビン・缶、ペットボトルに分けて集めてください。最後に公園でゴミを回収しますので、よろしくお願いいたします。

❹割れ物などもありますので、なるべく素手を使わず、軍手かトングを使うようにしてください。軍手は若干こちらで用意しております。

❺終了は○時を予定しております。ゴミを拾いながら、家族や近所の方々とおしゃべりを楽しめるというのも、この運動の楽しさのひとつです。みなさん、楽しみながら街をきれいにしましょう。

❶前回の成果
行事のこれまでの経過と、前回の成果を具体的に説明します。

❷ルートの説明
出発点と最終地点をはっきり述べます。

❸分別の方法
具体的な分別方法は重要な部分。ていねいな説明が必要です。

❹注意点
けがのないように、注意してほしい点を強調します。

❺活動の意義と楽しさ
最後に活動の意義と、それだけではない楽しみもあることをアピールします。

夏祭りや盆踊り大会

子どもを含めた楽しい行事を演出

お祭りや盆踊り大会、ラジオ体操など夏休み中の行事の特徴は、子どもが中心になったり、参加できるものが多いことです。

規模の大きなマンションであれば、その管理組合が行う場合もあります。小さな規模であれば地域で行われる催しに参加するケースも多いでしょう。

マンション独自で行う場合も、地域の人たちに積極的に参加を呼びかけ、交流のきっかけにすることが大事です。町内会の催しに参加するケースでも、積極的な交流を心がけたいものです。

模擬店での食べ物や、遊べるおもちゃなど、子どもたちが喜ぶようなものにする、子どもたちで神輿《みこし》をつくってかつぐなど、子どもが参加できるような、楽しい演出を工夫しましょう。

協力者に感謝を忘れずに

住民や地域の人など、たくさんの協力がなければ、大きな行事を成功させることはできません。力を貸してくれた人たちに、心からのお礼のことばを述べ、感謝の気持ちを伝えましょう。

夏の暑さには注意が必要！

夏の暑さは年々増しています。子どもや高齢者が多いときは、熱中症への注意がとくに必要です。熱い日中には帽子を忘れずにかぶることや水分をとることを強調しましょう。

委員会や理事も、会場に体調の優れない人がいないか、常に目を配るよう気をつけましょう。

夏祭り実行委員のあいさつ

❶みなさん、いよいよ今日・明日とわが○○マンション恒例の夏祭りが始まります。今年は滅多にないほど暑さの厳しい夏ですが、熱中症などに気をつけながらも、ごいっしょにお祭りを楽しみたいと思います。

❷実はできるだけお金をかけずに楽しもうというのが、今年のテーマでした。組合実行委員と居住者のみなさま、また地元のみなさまにはたいへんお世話になりました。

❸道具はすべてわがマンションのみなさまからお借りするか、自治会の日曜大エクラブがコツコツつくった作品です。

お神輿《みこし》も子どもたちといっしょにつくりました。模擬店の焼きそばや焼きトリ、お好み焼きなどの材料は、地元商店街から特別に分けていただきました。マンションの料理上手が腕を振るった自慢の味です。ぜひ召し上がってください。

❹まず子どもたちのお神輿が町内を回ります。ジュースやお菓子が用意してあるので、みんな楽しみにしていてください。そのあと、中央スペースで模擬店が始まります。おうちの方といっしょにたっぷり遊んでくださいね。

❺今年とくに注意していただきたいのは、熱中症です。日中はぜひ帽子をかぶり、水分をとるようお気をつけください。みんなで夏祭りを楽しみましょう。

❶祭り開催のあいさつ
これから夏祭りが始まることを宣言します。

❷協力者へのお礼
協力のおかげで祭りが実行できたことを感謝します。

❸協力を具体的にあげる
だれからどんな協力を受けたのか、できるだけ具体的にあげます。

❹進行の説明
祭りの進行順をかんたんに説明します。

❺注意点の強調
万一のことがないよう、注意点を呼びかけます。

年間カレンダー／9月

防災・避難訓練を行う

9月から12月にかけて行うマンションが多い

定期的に防災・避難訓練を実施するマンションは、比較的管理組合のまとまりがよく、運営もうまくいっているところが多いようです。9月1日の「防災の日」の前後の休日に行うマンションもありますが、火災シーズンに入ってから行うところもあります。

「11時に避難ベルが鳴ります」などと事前に住民に告知し、退避が終わった時間を計測し、その時間を講評の材料にすることが多いようです。

消防署に協力を仰いで実施する

最寄りの消防署に依頼し、消防訓練を指導してもらうと、実りのある訓練ができます。消防署でも地域住民への啓蒙活動は大きな役割なので、スケジュールさえ合えば協力してくれます。

場合によっては、消防車や地震車の出動や、避難器具を使った大規模な訓練への協力も期待できます。最後に理事長をはじめ、住民から感謝のひと言を述べると、「感じの良いマンション」という印象を与えることができます。

防災意識の向上と住民の結束を兼ねて行われる

防災・避難訓練は、実際に起きたときの備えとともに、防災意識の向上や住民同士の結束を促す目的があります。そこで、訓練の終了後に住民の親睦会を実施するマンションも多いようです。

行事を指揮する理事は、訓練時はてきぱきと、親睦会に移ってからは和やかに住民に接するようにしましょう。

防災訓練での理事長のあいさつ

❶防災委員のみなさんは、各フロアの退避者のみなさんを確認ください。もう残っている人はいらっしゃいませんか？　それではこれで避難訓練は終了いたします。

❷本日は、お忙しいなかを防災・避難訓練にご参加くださいまして、ありがとうございました。午前11時に避難ベルが鳴り、いま避難が終了しました。要した時間は5分24秒でした。昨年より13秒早く避難することができました。これも、住民のみなさま方の防災意識の高さの表れだと思います。

❸このあと、○○消防署のご指導により、消火器を用いた消火訓練を実施したいと思います。いままで一度も消火器を使ったことがない方はぜひ参加してください。子どもさんも将来のために訓練してみるのもいいことだと思います。

❹そして、○○消防署地域防災係の山本様から、避難訓練に対する講評と火災を防ぐポイントなどをお教えいただく予定です。

❺最後になりますが、当マンションではこの時期に毎年、避難・防災訓練を実施しています。新しく入居された方は、はじめての参加だと思いますが、日ごろ顔を合わす機会がない方もいるかもしれません。防災訓練のあと、住民の親睦会を1階の集会室で行いますので、ぜひご参加ください。

❶退避者の確認
防災委員に向かって、逃げ遅れた人がいないかどうか確認するように促します。

❷参加へのお礼
避難・防災訓練に参加してくれた住民に感謝のことばを述べます。

❸消火訓練の案内
避難訓練のあと、消火訓練を行うことを案内します。

❹消防職員の紹介
指導・協力してくれた消防署の職員を紹介し、訓練全般に対する講評をお願いします。

❺親睦会への誘い
訓練のあと予定している親睦会への参加をお願いします。

防犯講習会・防犯パトロール

防犯は地域との協力が効果的

一戸建てと違って、知らない人が出入りしやすいマンションの住民にとって、窃盗などの防犯は大きな問題です。空き巣や自転車泥棒、下着泥棒、痴漢、そして高齢者をねらう詐欺事件など、身の回りには危険がいっぱいです。

自分たちの財産や身を守るため、管理組合が中心となって、防犯活動を展開しているマンションは少なくありません。防犯の意識をより高めるとともに、地域とも協力して、よい関係を作り上げて行くことも重要です。

広報などを通して、振り込め詐欺への注意や、多発する地域の犯罪などについての警察からのお知らせなどを告知するなど、常に警告を続けることが防犯に役立ちます。

防犯活動の実践・パトロール

防犯活動には、日ごろからマンションや地域の住民とのコミュニケーションをよくとっておくことがいちばんです。

そして、管理組合として、防犯ステッカーをつくって意識を高める、防犯講習会を開催する、また定期的に敷地内夜間パトロールや防犯パトロールを行うなどの活動があれば、いっそう安心です。

なお、防犯パトロールは、マンション内の活動だけでなく、地域の自治会の取り組みに参加すると、より多くの人数でより多く巡回できると考えられます。地域との連携は防犯上、有効なことが多いので、地域の防犯パトロール隊への参加を考えてみましょう。

防犯委員のあいさつ

❶みなさん、今日はお忙しいところ「防犯講習会」にお集まりいただきましてありがとうございます。防犯委員会の皆川と申します。よろしくお願いします。
　この○○マンションでも、3年前の11月と翌年の1月の2度にわたり、計7戸で空き巣の被害がありました。それがきっかけで防犯委員会が発足したわけです。
❷現在、フェンスの強化や建物の防犯点検などを行っています。物理的なことだけではなく、防犯意識の向上のため、○○町の防犯協会とも協力し、防犯ポスターを貼る、啓発のチラシを配布するなどの活動を行ってまいりました。防犯委員会の私たちも、県のマンション協会で年に1回防犯セミナーを受講しております。
❸地域安全マップを作る、防犯ステッカーを貼っていただくなど、まだまだやれることは多いと思います。建物内外をパトロールすることも、近々実施の予定です。
❹自分たちの安全は、まず自分たちで守らなければなりません。どうか知り合いの方に声をおかけになって、気軽にご参加ください。よろしくお願いいたします。

❶委員会についての説明
委員会発足のきっかけについて説明します。

❷委員会の活動
これまでどんな活動をしてきたかについての説明を行います。

❸今後の予定
どんな活動をしていくのか、これからの予定を説明しています。

❹協力の依頼
防犯の意識をもっていっしょにやっていきましょうと協力をお願いします。

年末年始のレクリエーション

クリスマスは子どもたち中心でも

マンションの自治会が主催し、子どもたちのためにクリスマス会などを開くこともあります。

小学生をもつ母親などが中心に行われることが多く、紙芝居、ビンゴゲーム、ＤＶＤなどを用意して楽しみます。子どもたちにとっては毎年楽しみで、思い出に残る行事になるでしょう。

ケーキをいっしょに作るのも楽しい催しです。マンション内だけでなく地域の保護者に声をかけ、

大勢が参加するのも楽しい会になりますが、集会室を使う場合はマンション外の人が使用するとき、どのようなルールになっているかを使用細則で確認する必要があります。

お正月は高齢者への気配りも考えて

ひとりでお正月を迎えた高齢者などに、お節料理をふるまうなどのイベントも楽しいものです。集会所などを開放し、みんなでお節などを持ち寄れば、単身の高齢者も正月気分が味わえます。

こうしたイベントは思いつきではなく、恒例にしていくことが大切です。総会で組合員の理解を得ながら、役員が責任をもって予算を組み実行しましょう。

大勢で楽しめる餅つき大会は、おとなも子ども参加できる行事です。広いスペースや道具も人手もいるので、個人ではなかなか行えないものです。人手が多いマンションなどの交流にはぴったりのイベントです。それぞれの得意技を生かして、全員が楽しめるよう、また毎年続けられるよう、計画を立てましょう。

餅つき大会実行委員のあいさつ

❶みなさん、今日は寒いところ、ご参加ありがとうございます。今日はさいわい天気も良く、管理組合の実行委員会主催で、自治会、子ども会の協力をいただき、恒例の「お餅つき大会」を行うことができました。

❷4年前から見よう見まねで始まったこの大会ですが、おかげさまで毎回「つきたてはやっぱり違う」「おいしかった」とたいへん好評でした。委員会も張り切って、今年はとくに良いもち米を取り寄せ、トッピングも3種と増やしております。

❸本日は火を起こして蒸す係、お餅をつく係、合いの手を入れる係、そしてアンコやきなこ、大根おろしを用意し、お餅を丸める係とたくさんの方々がご協力くださいました。とくにお餅をつく係は人気があったようで、体力自慢の役員OBの方々のお助けをお借りしております。みなさんのチームワークの素晴らしさと手際のよさは、さすがわが○○マンションの底力です。実行委員一同あらためてみなさんにお礼を申し上げます。

❹参加できなかった高齢者の方には、これから理事と管理人さんがつきたてのお餅と豚汁をお持ちしますので、温かいところをお召し上がりいただきたいと思います。みなさん、今日はどうもありがとうございました。

❶参加のお礼
参加へのお礼とともに、いっしょに力を合わせた方々への感謝のことばも述べます。

❷これまでの評判
どこがどう評判がよかったのか説明を加え、委員会が張り切った理由も述べています。

❸協力への感謝
協力してもらった方々の働きぶりを具体的にあげ、感謝の気持ちを述べています。

❹高齢者への気配り
参加できなかった高齢者も楽しみをわかちあおうという気持ちを表しています。

新しい理事候補の選出と引き継ぎ

理事の選出と依頼の方法

理事の候補者を選ぶ方法は、おもに「①公募」「②推せん」「③輪番制」「④くじ引き」の４つがあります。

この中では①、②はまれで、「③輪番制」がいちばん多く、積極的に引き受けるというより、順番なのでやむを得ずという候補者がほとんどです。

現理事は、輪番のリストを参考に、新しい理事候補を訪ねて就任の依頼をしますが、「できれば引き受けていただきたい」といった押しの弱い依頼ではなく、「順番なのでお願いします」というムードで押し切ることが大切です。

正当な理由もなく、「忙しいから」と引き受けたがらない組合員もいるでしょうが、管理組合のルールを説明し、説得しましょう。正当な理由がある場合は、来年度が困難なら次年度に就任する約束をとるなど、ルーズにしないようにしましょう。

引き継ぎ時には目録、重要事項を書いたシートを用意する

旧役員から新役員への引き継ぎには保険証券、通帳、印鑑などの保管物、帳簿などの重要書類のほか、引き継ぐ書類を記した目録が必要です。目録をチェックしながら、直接旧担当から新担当へ手渡せばより確実です。

引き継ぎは通常、新旧合同の理事会で総会議案書、議事録に基づいて行われますが、管理会社に依頼中の事項、懸案の事項を書いた引き継ぎシートを用意しておけば、伝え忘れや間違いも起きにくくなります。

次期の理事就任　依頼と引き継ぎ

◎経験がないのを理由に断る人に対して

経験がなくて不安なのは、みんな同じですよ。わからなかったら経験のある人に聞けばいいんです。私でよければいつでも相談に乗りますから。それにやってはじめてわかったことですが、マンションがどう運営されているか、よく理解できるので勉強になります。それに、居住者のみなさんとお会いして話す機会が多くなるので、❶**知り合いが増えて結構楽しいですよ。**ぜひ1度やってみてください。

◎引き継ぎのことば

今度理事になられるみなさん、前年度の理事長の富本です。よろしくお願いします。これから帳簿や印鑑などといっしょにチェックリストをお渡しします。すべてそろっているか、ごいっしょにチェックしていきましょう。

引き継ぎシートには、管理会社へ依頼中の事項や今懸案の事項などを書いておきました。❷**わからないことがありましたら、私やほかの役員まで遠慮なくおたずねください。**

❶楽しみの提案
役員は義務であると同時に権利なのだとわかってもらえるよう、経験してわかる楽しみを説明します。

❷協力の約束
不安を抱くだろう新役員に対し、旧役員が全員でバックアップすることを約束し、安心してもらいます。

年度の締めくくり

次年度の役員に向けて継続課題を伝える

2月から3月にかけて、年度末を迎えたら、理事長を中心に自分たちが役員を務めた年度の反省をしましょう。

反省点をきちんと次年度の理事に伝えることで、管理がスムーズに継続できます。

事業計画のなかで実行できたこと、できなかったこと、予算案になかった出費などについて、どんな理由だったかメモしておくことが大切です。マンションの管理には予想外の出費がいろいろあります。定期総会で質問されたとき、すぐに答えられるように準備しておきましょう。

例えば、今年度は大規模修繕工事に取りかかる計画だったのが業者選定に時間がかかり、実行できなかった場合など、なぜ業者選定に手間取ったのか、説明できるようにしておきましょう。

定期総会に向けて最後の締めくくり

年度の反省が終わったら、定期総会の準備に入ります。

収支計算書、貸借対照表、監査報告書などの書類が必要です(59ページ参照)。管理会社から提出される書類をチェックし、監事に監査を依頼します。

総会に提出する「**総会議案書**」を準備しますが、やるべきことはたくさんあります。

総会の案内、議案書のほか、議案の内容を説明する資料、出席票、委任状、議決権行使書など議案書に添付する書類を用意します。余裕をもって議案を討議するなら、総会の3カ月前くらいから準備を始めておけば安心です。

決算から定期総会までの流れ（例）

・理事会で総会決議事項をまとめておく
・総会議案書案作成を管理会社に依頼する

・管理会社から提出される総会議案書案を、理事会でチェックする

・総会議案書案の内容に、必要に応じて修正を加える

・管理会社から提出される年間決算報告と事業報告を、理事会でチェックする

・決算報告書、事業報告書、次期の事業計画案、予算案に議案書を加え、総会議案書をつくる

・総会の通知、出席票、委任状、議決権行使書をつくる

・総会の通知を掲示板に貼る
・すべての区分所有者に総会の通知、議案書、出席票、委任状、議決権行使書を配布する

・決算報告に不明な部分があれば管理会社に確認する

定期総会開催

定期総会の通知に必要な書類

①**招集通知書（総会開催のお知らせ）**……総会の日時、場所、議題を記載
②**議案書**……議題の具体的な内容を記載
③**出席通知書**……出席者、または欠席した上で代理人指定か議決権行使書のどちらなのかを把握するため
④**委任状**……議決権を行使する代理人を指定（出席扱い）
⑤**議決権行使書**……通知された各議案についての賛否を通知（出席扱い）

臨時総会の開催

臨時総会を開く

臨時総会が開かれるのは、定期総会に間に合わない提案や変更事項が出た場合、定期総会が紛糾し、結論が出なかったときなどです。具体的には、

①補欠理事の選任

②急を要する問題が発生した

・役員の罷免や管理会社の変更が必要になった

・誤った管理規約を決議してしまい修正する必要がでた

・緊急の設備補修工事

・近隣での犯罪急増でエレベーター内の監視カメラ設置が必要になった

・要望が増えたための駐輪場増設

・隣接する土地でのマンション建設反対運動

・管理費などの長期滞納者に対する強制執行手続き

・管理会社の倒産など

③定期総会で結論が出なかった

大規模修繕工事の実施が近づくなど決議しなければならない内容が増え、定期総会だけでは時間が足りない場合など

臨時総会は必要があれば開くもので、1年に1度の定期総会では時間的に間に合わない場合に開きます。

招集の手続きは管理規約に則《のっと》って行います。

臨時総会でのあいさつのポイント

臨時総会は、基本的に急を要する事態になって開かれるものなので、開催のあいさつにも長い前置きなどは必要ありません。

定期総会と同様に、会の成立を確認したあとは、すぐにも懸案の議案について検討を始めます。

臨時総会での理事長のあいさつ

❶みなさん、今日はお忙しいところ、お集まりいただき、ありがとうございます。理事長の平林です。管理規約第○条第○項に基づいて、私が本臨時総会の議長を務めさせていただきます。

ただいまから、○○マンション管理組合臨時総会を開催いたします。

❷組合員総数○名、議決権総数○名、出席数○名、委任状数○名で、本総会は管理規約第○条第○項を満たしており、有効に成立していることをご報告いたします。本総会議事録の作成にあたり、書記を○○、議事録署名人を理事長、304号室山井さん、501号室森さんに指名いたします。

❸続いて議案の審議に入ります。第1号議案は「違法駐輪に関する件」です。今年になって違法駐輪が急激に増え、当マンション以外の放置自転車がめだちます。注意した住民が、逆に暴言を吐かれるなどのトラブルも発生しています。警察への相談とともに、当マンションでも緊急に対策を図りたいと考え、お忙しい時期ではありますが臨時総会を開催したしだいです。

❹この件について、○○さんに説明していただいたのち、みなさんのご意見をうかがいたいと思います。どうか忌憚《きたん》のないご意見をお願いいたします。

❶開会宣言

臨時総会でもあり、基本的なことを述べるだけで十分です。

❷総会成立要件の確認

臨時総会であっても、成立要件を述べるのは不可欠です。組合員総数と議決権数の確認も必ず行います。

❸議案の概要

急に総会を開かなければならなくなった議案です。てきぱきと進行しましょう。

❹意見を求める

できるだけ多くの人から意見を聞くため、発言を促します。

定例理事会を開く

理事会のスムーズな進め方

理事会では月次の報告以外に、各理事が提案した議案について、審議が行われます。

担当の事柄で提案がある場合、できれば事前に案件についての資料を配付し、ほかのメンバーも理事会の前に十分検討できるようにしておきましょう。案件についての理解があると、議案の審議もとどこおりなく進みます。

区分所有者にも開催を知らせ、関心のある人の参加、傍聴を促すと、理事会の透明性が増し、管理組合の運営にも役立つでしょう。ただし、悪意をもって理事会運営の邪魔をされることがないよう、理事以外の発言は、議長である理事長の許可がいるよう決めておきます。

意見やクレームにはすばやく対応

住民から意見、とくにクレームが寄せられたときは、なるべく早く対応しましょう。

まずその住民に直接話を聞き、問題点をまとめます。証拠が必要なら写真などの記録をとり、理事会で報告します。対応を検討して、理事会だけで処理できるものは早急に対応し、重要な問題であれば、臨時総会を開いて対策を決めることになります。

区分所有者や居住者の意向を調べるために、案件ごとにアンケート調査を実施したり、年に1度程度、意識調査のアンケートを実施する方法もあります。また、「ご意見箱」などを常時設置することも、住民の率直な意見を今後の理事会運営に反映させるために役立つでしょう。

● 理事会の流れ(例) ●

①理事長が議長を務め、理事の半数以上が出席の場合、開会を宣言する

②管理会社が「管理業務報告書」を提出し、会計、清掃・点検、事故・故障の発生、工事の実施状況などの業務報告をする

③管理会社の提出した会計書類などを確認する
「金額は予算内か、契約内容どおり納入等が行われているか」

④管理費等の滞納者への対応を協議する
「延滞金の請求や法的措置を行うか」

⑤各種点検簿を管理日誌の記入提出等を含めて確認する
「管理会社や保守業者が業務を適正に行い、きちんと報告しているか」

⑥各理事が官公署、町内会との関わり等について報告する

⑦理事から住民のクレームの報告を受け、善後策を検討して処理する

⑧設備等に不具合がないか確認する

⑨理事長が理事会を総括し、次回の日時を確認する

⑩議長が閉会を宣言する

定例理事会での理事長のあいさつ

◎定例理事会でのはじめのあいさつ

みなさん、本日はお忙しい中、定例理事会にご出席いただき、ありがとうございます。❶**本日の出席者は○名ですので、規約第○条により本理事会は成立いたしました。**私、中野が本日の議長を務めさせていただきます。

本日は議事がたくさんあるようですので、進行についてご協力をお願いいたします。まず、エレベーター扉ビニールクロス張り発注の件です。昨年実施の6フロア分を除いた14フロア分を、管理会社さんにお願いしたいと思いますが、いかがでしょうか。昨年の費用と今回の見積もりなど、❷**詳しいことは、議案書をご覧ください。**

◎定例理事会での終わりのあいさつ

みなさん長時間お疲れ様でした。今日は内容の濃いご意見がたくさん出ました。来月も第3日曜日の同じ時刻ですので、よろしくお願いいたします。

Ⓐ**それではただいまをもちまして、1月の定例理事会を終わります。**ありがとうございました。

❶理事会の成立

毎月定例の会議には大げさなあいさつはいりませんが、理事の半数以上の出席があれば理事会が成立することが、規約にあれば省略せずに述べます。理事長が議長を兼任することが規約にあれば、それも宣言しましょう。

❷議案書

必要がある場合は、議案の内容について詳しく説明のある議案書を配布します。

言い換え

Ⓐそれではこれで、○○マンションの○月定例理事会を閉会いたします。

理事からの提案

◎住民からこんな提案があった

来客用駐車場に無断駐車が多い問題ですが、写真を撮って公表すればいい、レッカー車で移動させる、カラーコーンを設置したらどうかという提案がありました。❶**何か具体的な方法を理事会で話し合いたい**と思うのですが。

◎住民からこんな依頼があった

居住者のなかに、ヨガのインストラクターをしている方がいらっしゃり、集会室を利用してヨガ教室を開きたいという希望がありました。❷**集会室が空いている時間なら、有効利用になると思うのですが**、いかがでしょうか。

◎こんなトラブルを見かけた

先日、一般ゴミの収集の日に燃えないゴミが捨てられていました。その日は収拾されず、結局管理人さんが預かり、燃えないゴミの収集日に再度出したと聞いています。燃えないゴミの収集日、捨て方などについて、Ⓐ**重ねて掲示板と広報紙とで注意を促したいと思います。**

❶具体的な方法の話し合い
住民からのクレームはできるだけ早急に処理しましょう。専門知識が必要なら、専門家の助けを借りることも考えられます。

❷アイデア提供
住民からの希望を、みんなのためになるような提案とするのは理事である者の心構えのひとつです。

言い換え
Ⓐわかりやすく効果的な掲示の方法を考えていきたいので、ご協力をお願いします。

COLUMN

マンションで「民泊事業」は行えるの?

住宅でも宿泊料をとって宿泊させることが可能に

2018年6月15日に施行された「住宅宿泊事業(民泊新法)」により、マンションを含む住宅において、宿泊料を受け取って人を宿泊させる「民泊」が可能となりました。といっても、マンションで民泊事業を行う場合は、管理組合の総意が必要で、玄関や廊下などの共用部分を宿泊客が行き来することで、これまでどおり居住者の快適性や安全性が確保できるか心配する管理組合は少なくありません。

2017年8月に改正された「マンション標準管理規約」では、民泊を可能とする管理規約、民法を禁止する管理規約、いずれの改正を行うこともできるとされています。つまり、総会などに諮り、マンション全体として民泊が可能かどうかを決めるよう推奨されています。

96%のマンションが全面的に民泊を禁止

では、民泊新法が施行されて以降、どのくらいの割合のマンションが民泊を認めているのか? 公益財団法人マンション管理センターが実施したアンケート調査によると、96.2%のマンションが民泊を全面的に禁止しています。「一部許容した」「全面的に許容した」はいずれも0%。「何も決めていない・その他」が4%程度です。ほとんどの分譲マンションは管理規約の改正などによって民泊については全面的に禁止しているようです。理由をみると、迷惑行為や安全面での心配が上位に上がっています。

●全面的に禁止した理由

騒音・ごみ廃棄など迷惑行為の懸念	66.3%
防犯・安全面の懸念	56.4%
不特定多数の立ち入りによるいざこざ	20.8%
外国人利用に対する懸念(意思疎通が困難、生活文化の違いなど)	4.0%
不安感	4.0%
共用施設の管理の支障	3.0%
その他	9.9%

※複数回答

※公益財団法人マンション管理センター「民泊対応状況管理組合アンケート調査結果(2018年7月)」より

第4章

管理会社との
つき合い方・選び方

管理会社とは、どういう会社?

管理組合にかわって管理業務を代行

管理会社とは、管理組合から委託されてマンションの管理業務を代行する会社のことです。管理業務とひと口に言っても、その内容はさまざま。日常の清掃や修繕といった建物・設備の保守をはじめ、よりよい環境作り、管理費の会計、予算案や長期修繕計画の作成など、仕事はかなりの量になります。また、専門的な知識や技能が必要なものもあるため、管理組合の理事だけですべてをこなすのは難しいのが現実です。そのため、管理組合の多くは、管理業務の全部または一部を管理会社に委託しています。

管理会社は、マンションの売り主にあたる企業の系列である「**デベロッパー系**」と、系列に属さない「**独立系**」の2種類に大きく分けることができます。どちらも業務内容は同じですが、一般に、デベロッパー系は親会社と情報のやりとりが密にできるため構造上のトラブルなどの対応に強く、独立系は価格やサービス内容に柔軟性がある、といわれています。

管理組合の利益を守る法律がある

管理会社は、管理組合と委託内容を定めた契約書をかわし、それに基づいて業務を行います。管理会社の仕事は、「マンションの管理の適正化の推進に関する法律」によってさまざまな規制を受けています。この法律は、専門知識を持たない管理組合側が、契約の際に不利益をこうむらないようにするために作られたもの。契約時のルールや財産管理の方法などについて具体的に定めています。

●管理会社の業務規定の例●

管理事務の報告

管理会社は、管理組合に対して定期的に、管理事務に関する報告をしなければならない。

報告は、管理業務主任者が行うのが決まり!

国土交通省への登録

すべての管理会社は、国土交通省への登録が義務づけられている。

管理業務主任者の設置

管理会社は一定の割合で、国家資格をもつ「管理業務主任者」をおかなければならない。

重要事項の説明

契約時には、管理業務主任者が、重要事項の説明や書類への署名・捺印をする。

秘密保持

管理会社の仕事を通して知った秘密をもらしてはいけない。

管理会社名義の口座や、他の管理組合と同じ口座に入れてはいけない!

管理組合名義での財産管理

修繕積立金などの財産は、各管理組合名義の口座で管理しなければならない。

※「マンションの管理の適正化の推進に関する法律」より

管理組合と管理会社の関係

管理業務は管理組合主導で行う

多くの場合、マンションの売り主にあたる企業は、分譲を開始する前に管理会社と契約を結んでいます。そのため、管理組合が発足しても、1から管理会社探しを始めるケースはほとんどありません。でもマンション管理は、管理組合が主体となって行うもの。「すでに仕事を依頼してあるのだから」と管理会社に任せきりにするのではなく、常に管理組合側が主導権を握って業務を進めましょう。管理会社の仕事内容や提案に納得できない場合は、管理組合側の希望を示して交渉を。交渉しても業務が改善されない場合、マンションの規約や管理会社との契約に見合う手順を踏めば、管理会社を変更することも可能です。

管理会社の業務の範囲を正しく知っておく

管理業務を行ってもらう報酬として管理委託費を支払っている以上、マンションの住民には、適切な管理が行われるように求める権利があります。ただし、すべての業務について管理会社が責任を負っているとは限りません。管理会社が行うのは、契約時に受託した業務だけです。

管理組合の理事になったら管理会社との契約書に必ず目を通し、委託内容を把握しておきましょう。万が一、トラブルが起こった場合、業務の範囲を確認したり、責任の所在をはっきりさせたりするのにも役立ちます。管理組合と管理会社は利害が一致しない部分もありますが、互いに責任の範囲を認識し、よりよい信頼関係を築いていくことが大切です。

建物・設備管理業務の依頼の流れ

管理会社	管理組合
	設備の故障を発見。管理会社に修理箇所を伝え、見積もりをとる
見積もりを提出する	
	見積もりの内容を確認。必要に応じて、費用、作業内容などに関する交渉を行う
見積もりの修正など	
	見積もりに納得したうえで修理を依頼
故障箇所の修理。専門業者に依頼することもある	
修理費用の請求	
	修理箇所の確認
	修理費用の支払い

Point

管理組合主導で見積もりをとったり作業の確認をしたりすることが、費用の節約や確実な作業などにつながります。

信頼できる管理会社とは

管理会社のしくみや体質をチェックする

管理組合にとって「よい管理会社」とは、適正な費用で、委託した業務をきちんとこなしてくれる会社です。信頼できる会社かどうか見きわめるには、次のような点に注目してみましょう。

①法的に規制されていること

国土交通省への登録、管理業務主任者の設置などを行っており、管理組合の財産管理の方法が適切かどうかを確認します（114ページ参照）。

②経営状況

管理会社の財務諸表や決算書をチェックします。税理士など専門的な知識のある人に見てもらうと、より安心です。

③業務内容

会社全体の管理戸数はどのぐらいか、マンション管理の実績はあるか、などを調べます。

④業務報告の方法や内容

業務報告が、だれから、どのような形で、どのぐらいの頻度で提出されるのかを確認します。

⑤緊急時の対応

トラブルが起こった場合の対処法を確認します。深夜や休日など、管理員（管理人）や営業担当者と連絡がとりにくいと思われる場合についても調べておきます。

理事や住民と接するスタッフの質も大切

会社組織のほか、現場スタッフの「質」も大切なポイントです。会社と管理組合をつなぐ営業担当者や管理員の仕事ぶりも、きちんと見きわめましょう。管理業務に不満がある場合、現場のスタッフを代えてもらうだけで問題が解決することもあります。

●管理会社の信頼度チェック●

あてはまる項目が多いほど、信頼度が高いと言えます。

法的に規制されていること	□国土交通省への登録が行われている □一定の割合（30組合につき1人）で管理業務主任者が設置されている □管理組合の財産が、各管理組合名義の口座で管理されている
経営状況	□経営状況に不安な点がない
業務内容	□（ビル管理や不動産業などではなく）主にマンション管理を行っている □ある程度の戸数のマンション管理を受託し、実績を積んでいる
業務報告の方法や内容	□管理事務に関する報告は、管理業務主任者から行われている □会計報告が毎月行われている □業務報告が定期的に行われ、内容も具体的
緊急時の対応	□トラブルが起こった場合、管理会社とスムーズに連絡がとれる □休日や夜間でも連絡がとれる体制が整っている
スタッフの質	□営業担当者や管理員の対応が迅速 □営業担当者や管理員の態度がていねい など

管理会社に委託する業務のいろいろ

マンションの管理に必要な4つの業務

マンションの主な管理業務は、次の4つに分けることができます。管理会社は、これらの業務の全部または一部を代行します。

①事務管理業務

管理費にまつわる事務や、管理組合の理事会、総会の支援など。管理会社に委託した場合、「基幹事務」と呼ばれる会計、出納、マンションの維持や修繕に関する企画・実施の調整の3点は、下請けの会社などに一括して再委託することが禁止されています。

②管理員業務

マンションの管理員が行う日常業務です。

③清掃業務

ゴミの処理や拭き掃除といった「日常清掃」と、外壁の清掃など、専門の業者が必要な「特別清掃」に分けられます。日常清掃は、管理員が行うこともあります。

④建物・設備管理業務

建物や付属施設、各種設備などの保守・点検を行います。有資格者による定期的な点検が義務づけられているものは、専門の業者に依頼して実施します。

管理会社への委託内容や条件は、仕様書で確認

管理業務を委託した際の条件などは、契約書または契約書に添付されている管理業務仕様書などで確認することができます。業務内容をあいまいにしないため、清掃や建物・設備の管理業務については、内容や頻度まで具体的に定めておくのが理想。管理員や清掃・点検などを受託した業者は、契約書や仕様書の内容に沿って業務を行うことになります。

●管理会社への委託内容は、仕様書でチェック！●

事務管理業務

●基幹事務

管理組合の会計、出納、マンションの維持または修繕に関する企画・実施の調整

●その他の事務

理事会・総会支援、各種保守・点検の手配やサポート、重要書類の保管など

管理員業務

マンション内で勤務する管理員が行う仕事

清掃業務

掃き掃除・拭き掃除など日常的な清掃と、業者に依頼して行う大がかりな清掃

建物・設備管理業務

建物、付属施設、電気設備、エレベーター、給水設備などの保守・点検作業

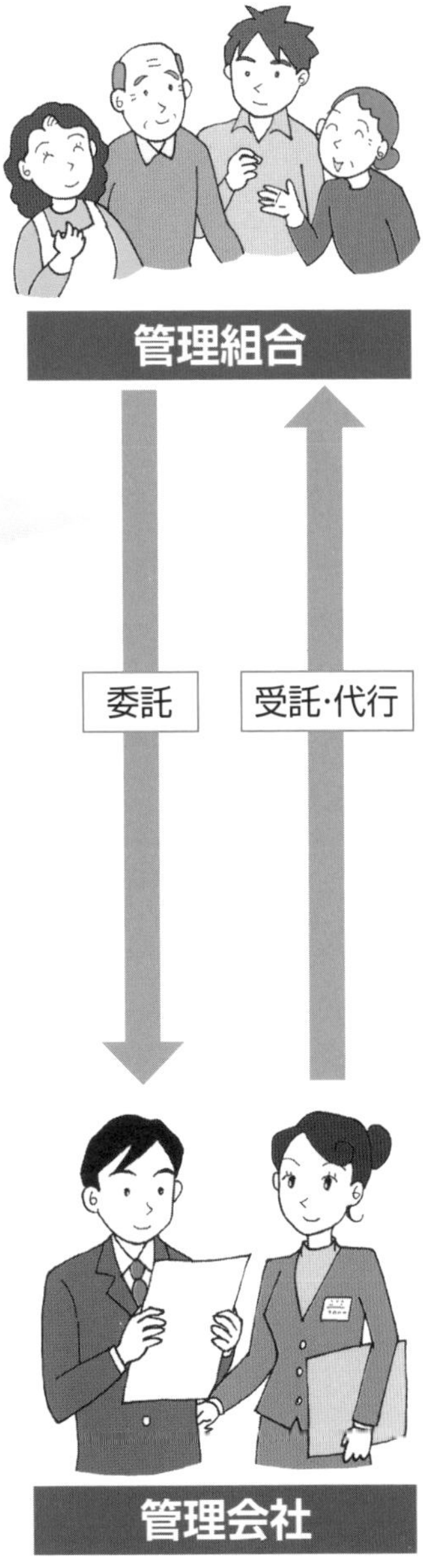

管理員の仕事

管理会社の「質」の決め手となる管理員

マンション内で日常の管理業務を行う管理員は、多くの場合、管理会社と契約しているスタッフです。勤務形態には、マンションに住みこむ「常駐」、一定の勤務時間に合わせて通勤する「日勤」、1人で複数のマンションを担当する「巡回」があります。

住民と接する機会が多い管理員は、管理会社と管理組合を結ぶ役割も果たしています。管理員の仕事ぶりによって、住民の管理会社への評価もかわってくるはず。そのため管理会社側も、配属前に研修を行ったり、営業担当者が巡回指導をしたりするなどして、バックアップしています。

管理員の業務内容は契約によって異なる

管理員の業務は、来客への対応などをはじめとする「受付業務」、共用設備などを日常的にチェックする「点検業務」、設備の点検・修理など、業者による作業に立ち会う「立会業務」、管理会社や管理組合に業務内容などを伝える「報告連絡業務」に分けられます。また、拭き掃除やモップかけといった「日常清掃業務」（120ページ参照）を管理員が行っていることも少なくありません。

ただし、管理員の業務内容は、管理会社との契約によって異なります。住民から見れば「きちんと仕事をしていない」と思えることも、実はその仕事が管理員の業務に含まれていないだけ、という場合もあります。管理員は「何でも屋」ではありません。管理員の仕事に不満がある場合、委託内容を確認してみることも必要です。

●管理員の主な業務●

点検業務

- 建物、設備、施設の外観の目視による点検
- 照明の点灯と消灯、電球などの点検
- 設備の運転・作動状況の点検と記録
- 無断駐車などの確認

受付業務

- 各種申し込みの受理と報告
- 住民などの異動届出の受理と報告
- 利害関係人に対する管理規約などの閲覧
- 共用部分のカギの管理及び貸出し
- 管理用備品の在庫管理
- 引越し業者などに対する指示

報告連絡業務

- 管理組合の文書の配布や掲示
- 各種届出、点検結果、立会結果などの報告
- 災害、事故発生時の連絡や報告

立会業務

- 外注業者の業務の着手・履行の立会い
- ゴミ搬出時の立会い
- 災害・事故などの処理の立会い

管理会社の仕事をチェックする

管理会社に仕事を任せきりにしない

マンションの管理業務をスムーズに行うためには、管理組合と管理会社との信頼関係が大切です。ただし「信頼」とは、管理会社に業務を任せきりにすることではありません。区分所有者が支払っている管理費に見合う仕事をしてもらうためには、日ごろから管理会社の業務をきちんとチェックし、納得がいかないことについては説明を求めることも必要です。管理組合がマンション管理業務に積極的に関わる姿勢を見せることは、管理会社の対応をよりきめ細かいものにすることにつながります。

契約書や仕様書と実際の仕事内容を比較する

管理会社の仕事ぶりは、主に管理員や営業担当者の仕事への取り組み方などから判断することになります。その際、もっとも役に立つのが、契約書や管理業務仕様書です。内容にしっかり目を通し、管理会社に委託している業務内容を正しく理解したうえで、するべき仕事をきちんとしているかどうか確認しましょう。

とくに清掃や点検業務など、場所や方法、頻度が具体的に決められているものについては、仕様書などと見くらべてみるのがおすすめです。ただし、仕様書の書式には決まりがないため、記載方法もさまざま。管理組合と管理会社は必ずしも利害が一致しているわけではないので、委託内容があいまいなことがトラブルの元になっていることもあります。仕様書の内容に問題があると思われる場合は、理事会に見直しと改善を提案してみるとよいでしょう。

●日常清掃に関する仕様書の例●

「管理業務仕様書」には、業務内容をできるだけ具体的に記載しておきましょう。

	清掃対象箇所	作業内容	頻度
1 建物周囲	①建物の周囲	巡回、掃き掃除	毎日
	②駐車場・駐輪場	巡回	毎日
	③植え込み	水まき	毎日
		除草	適時
	④ゴミ置き場	ゴミの仕分け、整理	毎日
		床の掃き掃除、水洗い	毎日
		集積場へのゴミ出し	適時
2 建物内部	①エントランスホール	床の掃き掃除、モップかけ	毎日
		ゴミ箱、灰皿のゴミ処理	毎日
		備品ちり払い	毎日
		扉・ガラスの拭き掃除	毎日
	②エレベーターホール	床の掃き掃除、モップかけ	毎日
		扉・壁面の拭き掃除	毎日
		壁面のちり払い	毎日
	③廊下	巡回	毎日
		モップかけ	適時
	④階段	巡回	毎日
		モップかけ	適時
		手すりの水拭き	毎日
	⑤外階段	掃き掃除	1回／週
		モップかけ	適時
	⑥集会室	ゴミ箱、灰皿のゴミ処理	適時
		備品ちり払い	適時
		扉・ガラスの拭き掃除	適時
	⑦管理員事務室	床の掃き掃除、モップかけ	適時
		ゴミ箱、灰皿のゴミ処理	適時
		備品ちり払い	適時
		受付台・ガラス面の拭き掃除	毎日

管理業務の委託方法のいろいろ

管理業務の一部を委託する方法もある

マンションの管理業務は、管理組合が行うのが原則です。でも、管理業務は多岐にわたるうえ、専門的な技術や知識が必要なことも多いので、管理組合の多くが、業務を管理会社に委託しています。

管理会社への委託方法には、「**全面委託**」と「**一部委託**」の2種類があります。全面委託とは、マンションの管理業務のすべてを管理会社に委託する方法。管理組合で方針などを決定し、管理会社はそれに基づいて実際の業務を代行します。一部委託とは、管理業務を部分的に管理会社に委託する方法。管理会社に委託しない業務は、管理組合主導で住民が行ったり、管理組合から専門業者に発注したりします。全面委託と一部委託のどちらが適しているかは、マンションの規模や住民の考え方などによって異なります。

管理方式の違いによるメリットとデメリットを知る

全面委託は、実務を管理会社に任せることができるため、理事をはじめとする住民の負担が少ないのが利点。その半面、管理費が割高になったり、「管理組合が主体となってマンションの管理を行う」という意識が薄れがちになったりする問題もあります。一部委託は、全面委託にくらべて管理費の負担が少なくなり、住民の自主管理意識の高まりも期待できます。ただし、それに伴って住民の負担も大きくなります。理事がするべき仕事がふえるのはもちろん、住民の協力体制が十分に整っていないと、管理業務が滞ってしまう可能性もあります。

●マンションの管理方式の種類●

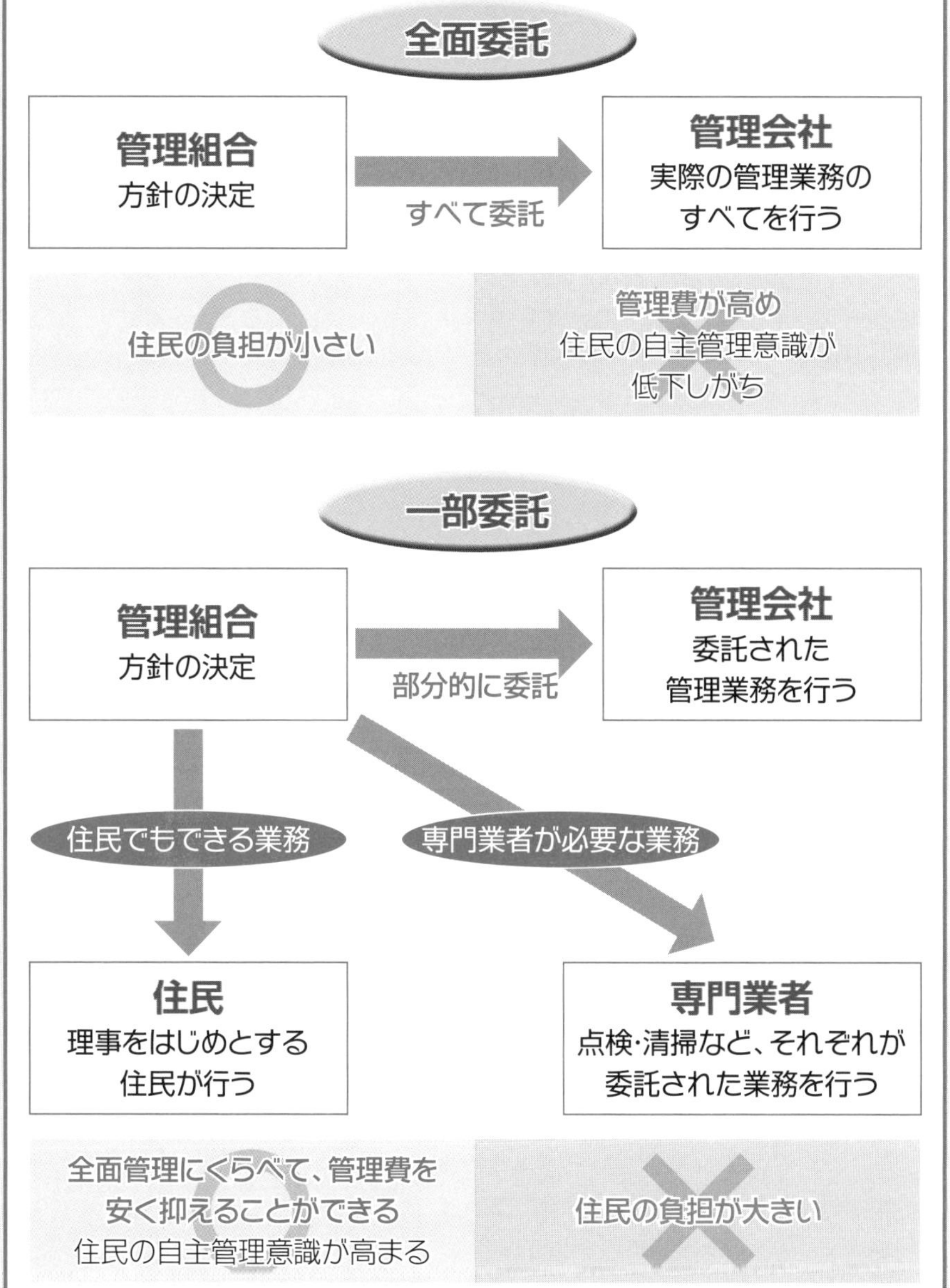
全面委託
管理組合
方針の決定
すべて委託
管理会社
実際の管理業務の
すべてを行う
住民の負担が小さい
管理費が高め
住民の自主管理意識が
低下しがち
一部委託
管理組合
方針の決定
部分的に委託
管理会社
委託された
管理業務を行う
住民でもできる業務
専門業者が必要な業務
住民
理事をはじめとする
住民が行う
専門業者
点検・清掃など、それぞれが
委託された業務を行う
全面管理にくらべて、管理費を
安く抑えることができる
住民の自主管理意識が高まる
住民の負担が大きい

★管理会社を利用せず、すべての業務を管理組合主導で住民が行ったり、管理組合から専門業者に発注したりする「自主管理」方式をとっているマンションもある。

管理業務の全面委託が割高なわけ

業務を受託した管理会社は、管理組合にかわって事務管理業務、管理員業務、清掃業務、建物・設備管理業務などを行います。事務管理や管理員業務は、管理会社の社員や契約スタッフが行うことが可能。でも、機械を使って行う大がかりな清掃や、本格的な設備の点検などには専門的な知識や技術が必要です。そのため、管理会社からそれぞれの専門業者に、実際の業務を発注（再委託）することになります。多くの場合、こうした再委託が必要な業務にかかる費用として見積もられる金額には、管理会社への手数料が含まれています。

また、再委託する際の業者選びは、管理会社に任されているのが普通です。本来なら数社に見積もりを出させるなどして、安くてよい仕事をする業者を選ぶべき。でも、管理会社によっては十分に比較検討をせず、同じ系列に属している業者に優先的に発注してしまうこともあるのです。管理組合が再委託先の業者と直接交渉をする機会がないことも、全面委託方式の管理費が割高になる原因のひとつだと言えます。

管理会社への手数料などが加算される

管理会社と契約している管理組合の多くが、管理業務のすべてを委託する「全面委託」方式をとっています。全面委託によって管理組合の負担は小さくなりますが、その分、管理費は高くなりがちです。全面委託方式が割高になるのは、管理会社への手数料などが管理費に含まれてくるためです。

「安くてよい」業者が選ばれているわけではない

●管理業務の全面委託のシステムの例●

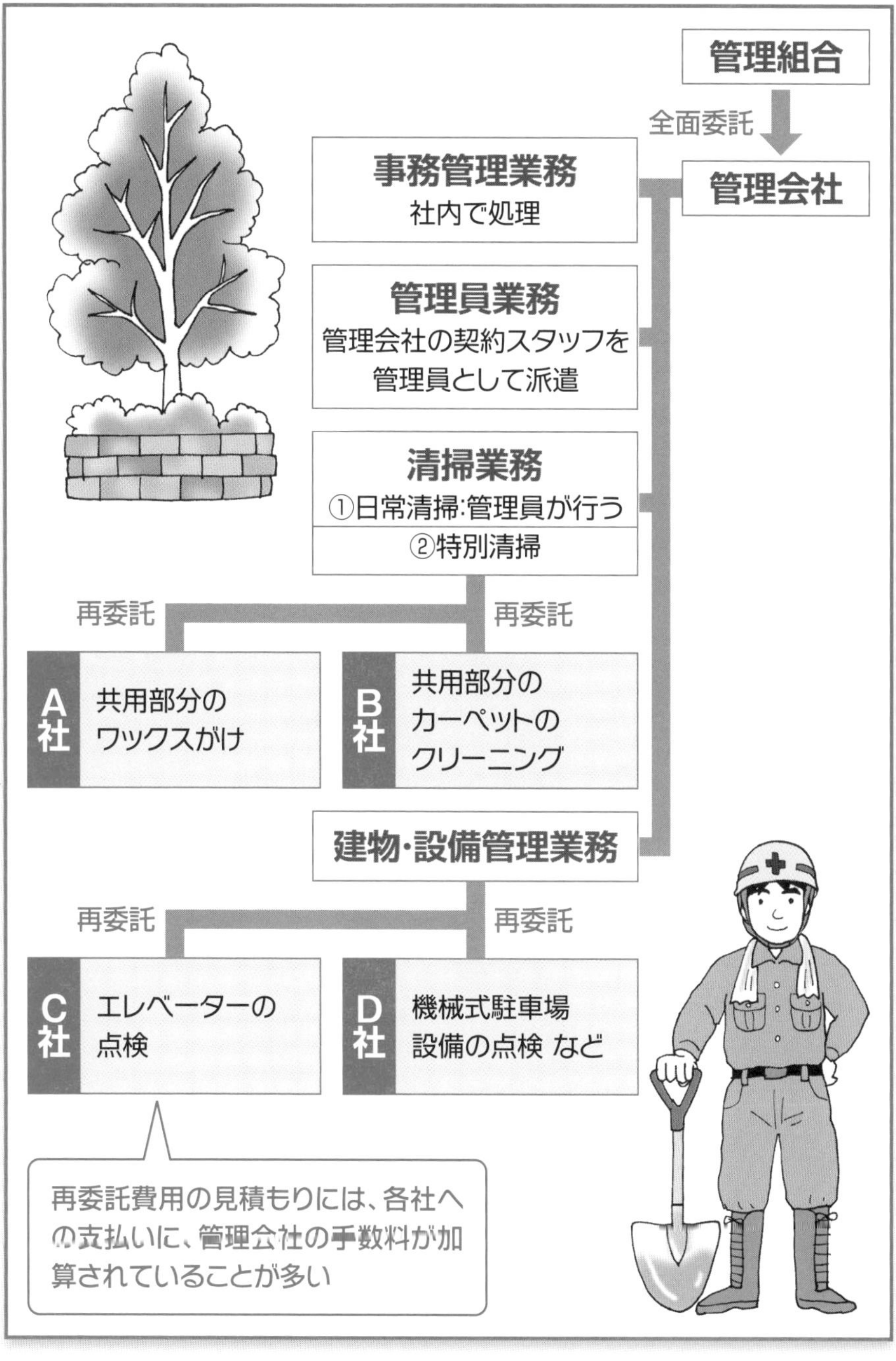

管理組合
全面委託
管理会社
事務管理業務
社内で処理
管理員業務
管理会社の契約スタッフを
管理員として派遣
清掃業務
①日常清掃:管理員が行う
②特別清掃
再委託
再委託
A社
共用部分の
ワックスがけ
B社
共用部分の
カーペットの
クリーニング
建物・設備管理業務
再委託
再委託
C社
エレベーターの
点検
D社
機械式駐車場
設備の点検 など
再委託費用の見積もりには、各社へ
の支払いに、管理会社の手数料が加
算されていることが多い

管理費を値下げしたいとき

管理費の金額はサービス内容によって異なる

管理会社に支払う管理費が適正かどうかは、金額だけで判断できることではありません。マンションの規模や区分所有者の考え方によって、必要な管理業務の内容が異なるからです。大切なのは、サービス内容が金額に見合っていること。そのためには、住民が求めているサービスと実際の管理業務が一致していることも必要です。管理費が高すぎるという意見が多い場合、引き下げる工夫をするのも、理事の仕事の1つです。

管理会社への委託業務を減らすことも考える

管理費の節約を考えるとき、最初にしておきたいのが、管理業務仕様書などの確認です。管理会社に委託している仕事を見直し、サービスの質や頻度を変更できそうなものをピックアップしてみましょう。たとえば特別清掃の回数を減らす、管理員を常駐から日勤にかえる、などが考えられます。

また、管理会社に全面委託しているなら、一部委託に切り替えることで管理費を安く抑える方法も。管理会社に委託しない業務は、管理組合が直接業者に依頼するか、住民自身で行うことになります。業者に依頼する場合も、あいだに管理会社を入れないことで費用が安くなることが少なくありません。複数の業者から見積もりをとり、より安く、よい仕事をしてくれる業者を探すことも可能です。ただし、一部委託に変更すると、その分、管理組合の仕事が増えることも忘れずに。節約する金額と、住民にかかる負担のバランスを見きわめることが大切です。

●委託方法の変更の例●

全面委託

管理組合 → 管理会社 → 専門業者

専門業者
清掃
エレベーター保守
消防設備点検
植栽の手入れ

↓

一部委託

管理組合 → 管理会社 → 専門業者（エレベーター保守／消防設備点検）

管理組合 → 専門業者（清掃／植栽の手入れ）　直接契約

〇
・管理会社への手数料が不要
・複数の業者から見積もりをとるなどして、納得できるところに発注することができる

×
・管理組合の負担が大きくなる

●管理費の平均額(月／戸あたり)

平均：**15,956円**

単棟型マンション	団地型マンション
16,213円	14,660円

※駐車場使用料などからの充当額を含む
●国土交通省「平成30年度マンション総合調査」による

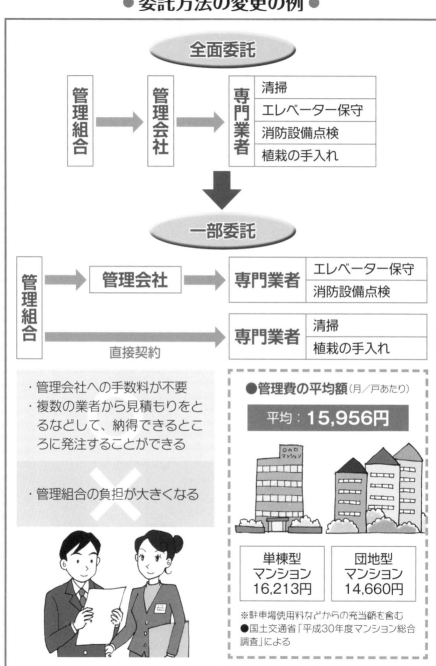

管理会社の変更を考えるときは

管理会社は変更することもできる

管理費やサービス内容の面で折り合わない場合、管理会社を変更するのも選択肢の1つです。管理会社との契約を解約するには、3カ月程度の予告期間が必要なことが多いので、まずは契約書の契約解除・解約に関する項目を確認しましょう。注意したいのは、契約解除を急ぎすぎないこと。新しい管理会社を探し、契約するまでには時間がかかります。マンションの管理業務を滞らせないよう、解約のタイミングは慎重に見きわめる必要があります。

管理会社の変更は、多くの時間と手間がかかる仕事です。また、変更後には仕事の流れも変わるため、新しい方法が定着するまで、理事はもちろん、住民にも何かと負担がかかることになります。管理費が安くなるなど目に見える形のメリットがあったとしても、すべての区分所有者が新しい管理会社の仕事ぶりに満足するわけではありません。管理会社の変更は、メリットとデメリットを十分に考えたうえで行うことが大切です。

専門家にセカンドオピニオンを求めても

管理会社の変更を考えている場合、「**マンション管理士**」にサポートしてもらうのもよい方法です。国家資格をもつマンション管理士は、管理組合への助言・指導を行うことができるコンサルタント。管理会社に所属していない人に依頼すれば、中立の立場でアドバイスをしてもらえます。管理会社との交渉に役立つほか、プロの視点をとり入れることで、管理組合内部の意見調整にも役立ちます。

●管理会社の変更を考えるなら…●

1 契約解約の時期を確認する

管理会社との契約を解約するには、予告期間が必要です。早めに契約内容の確認を。

2 解約を急ぎすぎない

次の管理会社が決まらない段階で解約してしまうと、管理業務が滞ってしまいます。

3 管理会社変更にはデメリットも

管理費の安さだけにとらわれず、委託する業務内容や住民のニーズも考慮しましょう。

4 専門家の意見をとり入れる方法も

マンション管理士にアドバイスを求め、管理会社選びを手助けしてもらう方法も。

マンション管理業者の決定方法（管理業者に委託している場合）

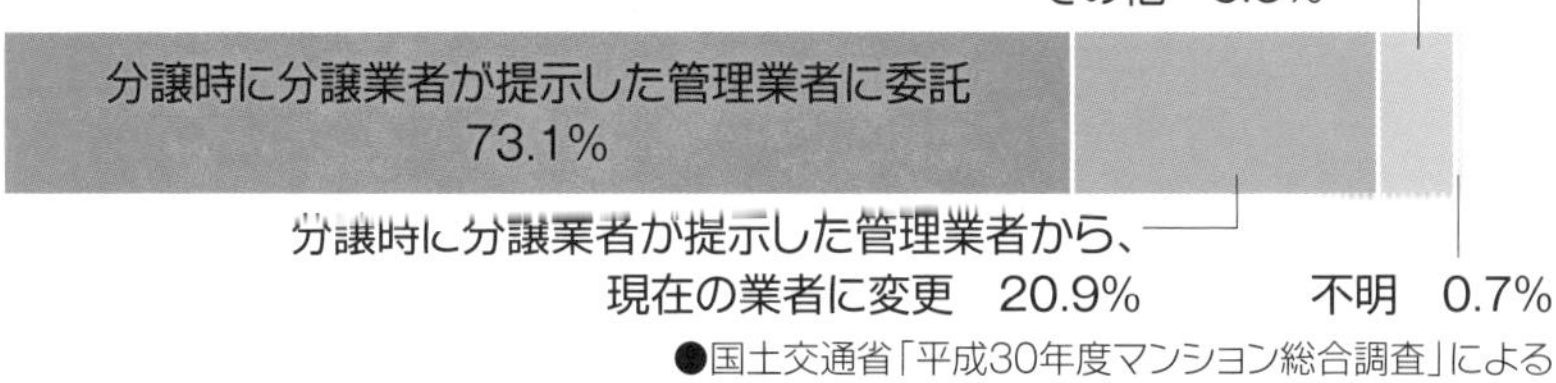

●国土交通省「平成30年度マンション総合調査」による

管理会社の変更に必要な手続き

管理会社の変更には組合員の決議が必要

管理会社を変更する準備は、理事会での話し合いからスタートします。理事会で方針がかたまったら、「**契約書**」や「**管理業務仕様書**」などの見直しを。解約に必要な手続きなどを確認すると同時に、新しい管理会社に委託したい業務を整理し、委託内容を具体的にまとめた管理業務仕様書を作ります。この際、できれば組合員にアンケートをとるなどして現行の管理業務への評価や個人的な要望などを調べ、多く見られる意見は仕様書に反映させるようにしましょう。

実際に管理会社を変更するためには、総会での決議が必要。定期総会の時期が近い場合以外は臨時総会を開き、組合員への説明と話し合いを行います。

見積もりは必ず複数の会社から

総会で管理会社の変更が可決されたら、新しい「**管理業務仕様書**」に基づいて複数の会社から見積もりをとります。現在、依頼している会社が契約の継続を希望する場合、同じ条件で見積もりを出してもらうとよいでしょう。他社と競合することで、管理費が大幅に見直される可能性もあるからです。複数の会社に入札させることは、より安く、よりよいサービスの提供につながります。また、管理費の相場はわかりにくいものですが、同じ条件で見積もりをとることで適正価格の目安も見えてきます。各社の見積もりが揃ったら、住民にも参加を求めて、各社の担当者による説明会を行います。その後、総会を開いて委託先を決定します。

●管理会社を変更する方法の例●

①理事会での話し合い	管理会社の変更を、理事会の議案として提出。変更の必要性や変更した場合のメリット・デメリットなどについて、十分に話し合う
②現行の委託内容の見直し	契約書や管理業務仕様書を見直し、現在の委託内容を確認。現行のままでよい点、変更するべき点などを整理する

アンケートなどで、現行の管理業務に関する住民の意見を集める

③管理業務仕様書の案を作る	管理会社変更後に委託する予定の業務を仕様書にまとめる。見積もりをとる際の資料にもなるので、業務内容はできるだけ具体的に挙げておく
④総会で話し合う	総会を開き、組合員への説明と話し合いを行う。区分所有者総数と議決権総数の半数を超える賛成で可決される
⑤複数の会社から見積もりをとる	新しく作成した管理業務仕様書の条件で、複数の会社から見積もりをとる

競合する会社が多い場合は、3~4社ほどに絞り込むとよい

⑥住民参加の説明会を開く	住民にも参加を求めて説明会を開き、管理会社の担当者によるプレゼンテーションを行う
⑦新しい管理会社を決める	説明会終了後、総会を開き委託する管理会社を決定する

※標準管理規約では「管理委託契約の締結」は総会の決議事項となっている。どの段階で何度総会を招集するかは各管理組合の考えによる

管理会社との契約

契約前に必ず重要事項の説明を受ける

管理会社との新規契約や契約の更新は、管理会社が作る「**重要事項説明書**」と「**管理委託契約書**」に沿って行います。まず最初に示されるのが、重要事項説明書。契約の要点をまとめたもので、契約時に管理組合に渡し、管理業務主任者が説明することが法律で義務づけられています。説明の内容に疑問があれば、必ず納得がいくまで説明を求めましょう。

重要事項の説明内容に問題がなければ、管理委託契約書の検討に移ります。重要事項説明書の内容と異なるところがないかどうか、チェックしましょう。管理業務主任者の署名・捺印を確認したうえで管理組合の理事長が署名・捺印し、契約が成立します。

契約書を確認するとき注意するポイント

重要事項説明書や管理委託契約書に目を通すとき、とくに注意したい点が3つあります。1つめが「**費用**」。金額の記載に誤りがないかどうか、慎重に確認します。

2つめが「**免責事項**」。トラブルが起きた際、責任の所在をはっきりさせるためにも、内容を確実に理解しておくことが大切です。3つめが「**契約の解除・解約**」。管理組合に不利な違約金などの記載がないことを確かめましょう。

また、事務管理や管理員の仕事、清掃、建物・設備の保守などについて定めた「管理業務の内容・実施方法」は、できるだけ具体的に取り決めを。業務の内容や頻度を「管理業務仕様書」などの書類にまとめてもらい、契約前に内容を確認するようにしましょう。

●管理委託契約書に記載されている項目の例●

項目	主な内容
管理業務の内容及び実施方法	事務管理業務、管理員業務、清掃業務、建物・設備管理業務の内容や方法。別紙の資料として「管理業務仕様書」が添付されることもある
第三者への再委託	管理会社から他社への再委託について
善管注意義務	管理会社の注意義務について
管理業務に要する費用の負担及び支払い方法	委託業務費（管理費）の金額、支払い期日、支払い方法、各種経費などの負担について
管理費などの滞納者に対する督促	管理費の督促について
有害行為の中止要求	法律や管理規約などに違反する行為への対応
通知義務	建物の破損に気づいた場合などに関する互いの通知義務について
使用責任者	管理会社のスタッフが管理組合側に損害を与えた場合の責任の所在
免責事項	善管注意義務を果たしたうえで損害が発生した場合の責任の所在
契約の解除	契約解除の条件などについて
解約の申し入れ	契約の解約を申し入れる時期や方法
契約の更新	契約を更新する場合の手続きなど

※国土交通省が業務委託契約書のモデルとして提示しているものから、主な項目を抜粋

新しい管理会社への引き継ぎ

業務の引き継ぎには前管理会社の協力が必要

管理会社を変更した場合、契約後に業務の引き継ぎが必要です。引き継ぎは手間のかかる作業で、前管理会社の協力も欠かせません。でも、管理組合と前管理会社との関係がこじれてしまっていると、力を貸したがらないことも。新しい管理会社を選ぶ際、前管理会社の入札も認めたほうがよいのは、引き継ぎをスムーズに進めるためでもあるのです。日常業務が滞ると、住民に迷惑をかけることになります。引き継ぎ終了まで気持ちよく協力してもらうためにも、前管理会社とは最後までよい関係を保つことを心がけましょう。

重要書類の引き渡しや備品の準備も忘れずに

業務に必要な書類などは、前管理会社から新しい会社に渡してもらいます。その際、引き渡すものの一覧表を作り、新旧の管理会社と管理組合側で二重に確認しておくと安心です。こうした書類には住民の個人情報も含まれるので、紛失やデータの流出などのトラブルが起こらないよう、慎重に扱いましょう。また、管理員などが使っていた備品のうち、前管理会社が所有するものは原則として撤去されます。新しく購入しなければならないものは何か、費用をどこが負担するかなどについて、新しい管理会社と事前に打ち合わせておく必要もあります。

引き継ぎが終わると、管理業務は本格的に新しい会社に移行します。とくに最初の数カ月は、仕事のチェックを念入りに。疑問点・改善点などは積極的に話し合い、業務の改善につなげましょう。

●引き継ぎをスムーズに進めるために●

①前管理会社にも入札してもらう	契約を継続する可能性がなくても、前管理会社が希望するときは入札してもらう

入札さえ認めないと…
前管理会社との関係がこじれる可能性が…

②契約解除後もよい関係を保つ努力を	管理業務を滞らせないためには、ていねいな引き継ぎが必要。前管理会社の担当者に、最後まで協力してもらう必要がある

関係が悪化していると…
引き継ぎに協力的ではなく、必要最低限のことしか期待できない場合も

③重要書類などは管理組合側でもチェック	あとで「渡した、渡さない」というトラブルが起こらないよう、重要書類などの引き渡しは慎重に。管理会社だけでなく、管理組合も責任をもって確認する

④引き継ぎ後の業務チェックはしっかりと	管理会社を変更したことで安心してしまわず、仕事ぶりはきちんとチェック。気になることは早めに話し合って解決しておく

COLUMN

もしものときの管理組合の役割

災害時には管理組合が避難や復旧の拠点になる

震災や台風などの災害時は1人で行動するより、マンションの住人同士や地域の人たちと行動するほうが安全です。

火災などから避難するときは、自身の安全を確保しながら、逃げ遅れている人がいないか、管理組合を中心に確認作業をしましょう。日ごろ防災訓練などを行っていれば、スムーズに行えます。

災害後は管理組合でマンションの復旧活動を進めますが、その第一歩は管理組合が住民の安否を確認することから始まります。そのためには、平時から居住者名簿を管理組合として整備しておくことが大切です。

阪神・淡路大震災のときは理事会が大きめの模造紙をマンションのエントランスに張り、住民がそこに避難先を書き込んだという例があります。電話回線などが遮断され、身内が安否確認に訪れたときに、その模造紙が連絡ボードの役割を果たし大いに役立ったそうです。

要援護者のサポートを

管理組合として、平時からひとり暮らしの高齢者や障害のある住民などの把握ができていれば、避難のサポートが可能です。

安否を確認するときも、「応答がないが、体が動かせないのでは」と想像がつき、踏み込んだサポートもできます。災害後の被害を防ぐためにも、要援護者の存在を頭に入れておきましょう。

第5章

マンションの点検と修繕の進め方

日常の点検

法律で決められた定期点検

マンションに義務づけられている点検

マンションの建物・設備の点検は、居住者の安全と快適な暮らしを守るために欠かせないもの。各種の点検には、自主的に行うものと、法律で義務づけられているものがあります。法律で定められているものを「**法定点検**」といい、対象となる箇所によって関係する法律が異なります。

建築基準法で定められているのは、マンションの敷地・構造の調査や換気・給排水といった設備の検査、エレベーターの定期検査。消防法では消防設備の点検、水道法では水質検査と水槽の清掃などを行うことが決められています。電気設備は電力会社の責任で維持管理を行うのが原則ですが、屋外型の高圧受電設備が設置されているマンションだけは別。管理組合の責任で点検を行うことが、電気事業法で定められています。

一定の時期に有資格者が行う

法定点検は実施する時期（周期）が決められており、実際の点検は、それぞれ資格をもった専門家が行わなければなりません。マンションの管理業務を管理会社に委託している場合、建物・設備管理業務（120ページ参照）の中に各種の点検も含まれます。建物・設備管理業務を管理組合で行っている場合は、それぞれの点検が必要な時期に応じて、有資格者のいる会社などに業務を委託する必要があります。法定点検の結果は市区町村や消防署などに報告する義務があり、マンションの場合、管理組合の代表者が「報告義務者」になるのが一般的です。

法定点検のいろいろ

名称	内容	周期	点検資格者
特殊建物等定期調査	マンションの敷地、構造、建築設備の調査	3年に1回	特殊建築物等調査資格者、1・2級建築士
建築設備定期検査	換気設備、排煙設備、非常用照明装置、給排水設備などの検査	1年に1回	建築設備検査資格者、1・2級建築士
昇降機定期検査	エレベーターの検査	1年に1回以上	昇降機検査資格者、1・2級建築士
消防用設備等点検	消防用設備の配置や状態を外観や簡単な操作から点検。	6カ月に1回	消防設備士、消防設備点検資格者
	消防用設備を作動させたり使用したりして、総合的に点検	1年に1回	
簡易専用水道(※1)**管理状況検査**	設備の外観、水質の検査、水槽の清掃、ポンプなどの検査	1年以内ごとに1回	地方公共団体または厚生労働大臣の登録を受けた者
専用水道（※2）**定期水質検査**	水の色やにごり、残留塩素の検査（※3）	1日に1回以上	厚生労働大臣の指定水質検査機関
	水質検査	1カ月ごとに1回以上	
	水槽の清掃、ポンプなどの検査	1年以内ごとに1回	
自家用電気工作物定期点検	高圧受電装置（600Vを超える）の月次点検	1カ月に1回	電気主任技術者（電気保安協会などに委託）
	高圧受電装置（600Vを超える）の年次点検	1年に1回	

※1：水槽の容量が$10m^3$を超える施設

※2：①～④のいずれかに当てはまる設備。①水槽の容量が$100m^3$を超える　②口径25mm以上の導管の全長が1500mを超える　③100人を超える人に水を供給　④1日に$20m^3$を超える給水能力をもつ

※3：実際の検査は水道業者が行えばよい

居住者が行う日常点検

日ごろから建物・設備の状態を知っておく

マンションの修繕工事を効率よく行うためには、タイミングを見きわめることも大切。修繕箇所や内容にもよりますが、劣化が本格的に進んでから修繕するより、初期段階で予防的な工事を行うほうが時間も費用も節約できることが多いからです。長期修繕計画（146ページ参照）の見直しを適切に行うためにも、日ごろから建物や設備の状態を把握しておくことが大切。目視などによる点検をこまめに行い、劣化のサインを見逃さないようにしましょう。

「見てわかる劣化」に気づくことが大切

建物の日常点検は、「①**手すりや階段などの鉄部**」、「②**外壁**」、「③**屋上**」の3カ所を中心に行います。鉄部は、建物でもっとも劣化が早い部分。塗装の変色やはがれ、サビなどの有無を確認します。外壁は、汚れやひび割れ、塗装のはがれなどをチェック。壁面だけでなく、屋外に面した通路などの天井の状態も見ておきましょう。屋上は、劣化が進むと水漏れなどを引き起こすことがあるので、点検は念入りに。ひび割れや塗装のはがれがないか、雑草が生えていないか、などに注意します。

設備に関しては、特別な知識がなくてもわかる「目に見える異常」がないかどうかを確認します。電気設備（屋外灯など）にサビや破損がないか、水道の水が濁ったり排水が詰まりやすかったりしないか、などに注意しましょう。設備の劣化の状態をきちんと把握したい場合は、居住者にアンケート調査を行います。

●日ごろから自己点検を行いたい箇所●

屋上

□塗装がはがれたり、浮き上がったりしているところはないか
□ひび割れがないか
□雑草が生えていないか
□水たまりができていないか

鉄部

□塗装の変色・退色が見られないか
□表面に触れると、手に白い粉がつかないか
□塗装がはがれたり、浮き上がったりしているところはないか
□サビが出ていないか

外壁・通路などの天井部

□汚れがひどくないか
□ひび割れがないか
□塗装やタイルがはがれたり、浮き上がったりしているところはないか
□コンクリートが欠け落ちたりしているところはないか

給水・排水設備

□水道の水が濁っていないか
□水圧が低くなっていないか
□排水が詰まることはないか
□排水口からいやなにおいがすることはないか
□給水・排水管の見える範囲にサビが出ていないか

電気設備（共用部分の電灯・配電盤など）

□サビがでていないか
□破損しているところはないか
□安全な状態できちんととり付けられているか

長期修繕計画とは？

経年劣化に備えて修繕計画を立てておく

建物は、時間とともに劣化していきます。マンションの場合、外壁の汚れやひび割れ、鉄の部分のサビなどに加え、各種設備の不具合などが主な劣化のサイン。マンションをよい状態で維持するためには、定期的なメンテナンスが欠かせません。ただし、建物全体にかかわる工事や修繕には居住者の同意が必要なうえ、高額の費用がかかるため、緊急に行うのは難しい場合がほとんどです。そのため、前もって準備しておく必要があるのが、「長期修繕計画」。20～30年先まで、マンションの共用部分に必要な修繕工事の時期や内容を予想し、それに見合った資金計画を定めたものです。

長期修繕計画は定期的に見直す

建物や設備の劣化のスピードは、施工方法や周囲の環境、日常の管理などに左右されます。長期修繕計画は、あくまで「一般的にこの程度」という情報をベースにつくったもの。3～5年ごとに計画を見直し、それぞれのマンションの実情に合わせて修正・変更を加えていく必要があります。

長期修繕計画を見直すときは、劣化状況のチェックはもちろん、施工技術の進歩やそれに伴う費用の違いなども確認します。また、居住者の年齢層の変化に応じたバリアフリー対策や、建物・設備をグレードアップする改修工事の必要性についても検討しましょう。大規模な修繕工事の予定時期が近い場合は、専門家による劣化診断を行い、その結果を元に計画を見直すとよいでしょう。

●長期修繕計画の内容●

実施した大規模修繕工事（%・重複回答）

外壁や鉄部の塗装や防水工事などが多い。下記の工事のほか、防犯カメラの設置などの防犯対策やバリアフリーの工事も行われている

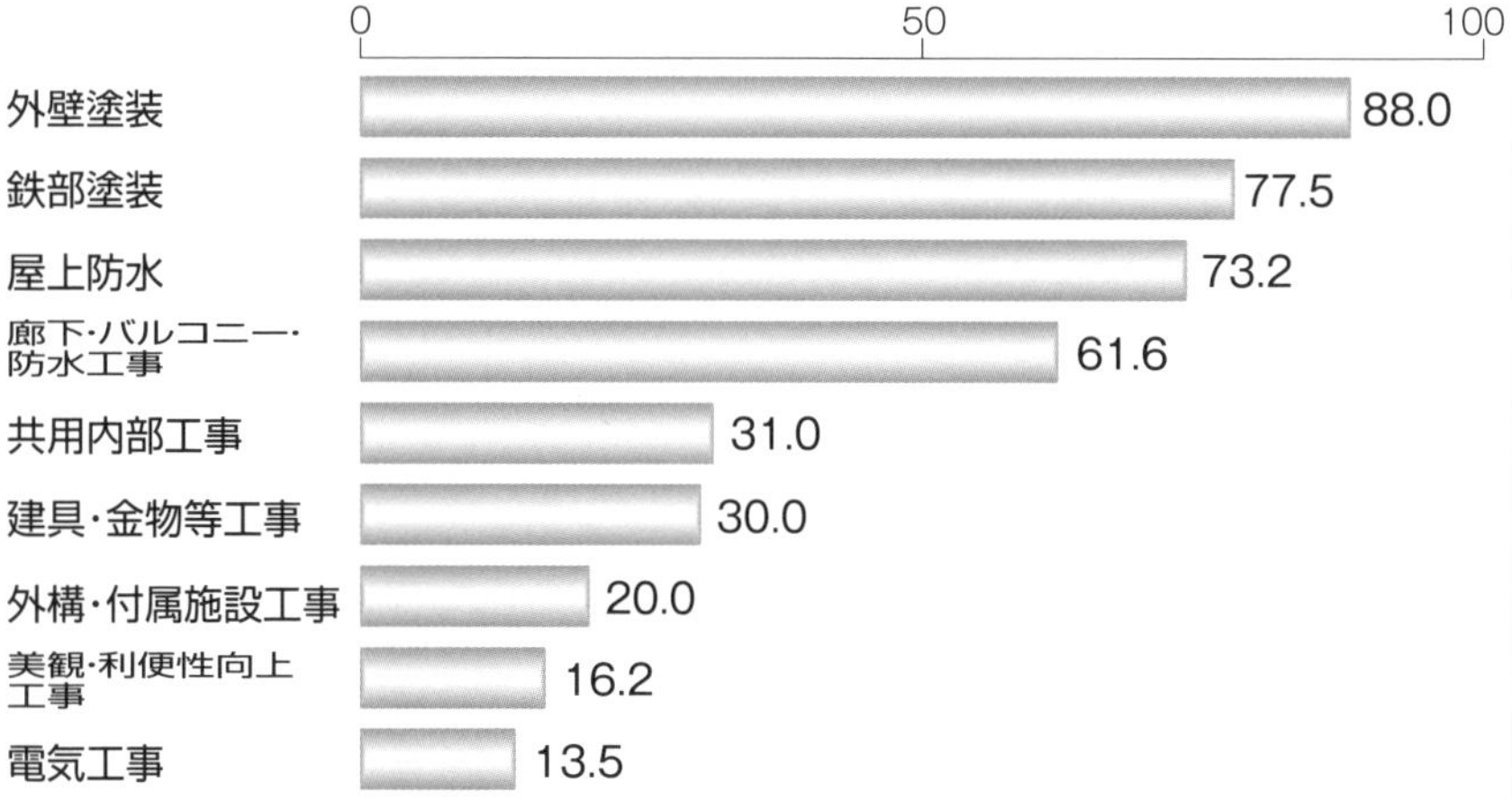

●国土交通省「平成30年度マンション総合調査」による

計画修繕工事の平均実施時期（※）

対象となる箇所・設備によって、修繕が必要になる周期が異なるので、それぞれのタイミングを考えて建物全体の修繕計画を立てる

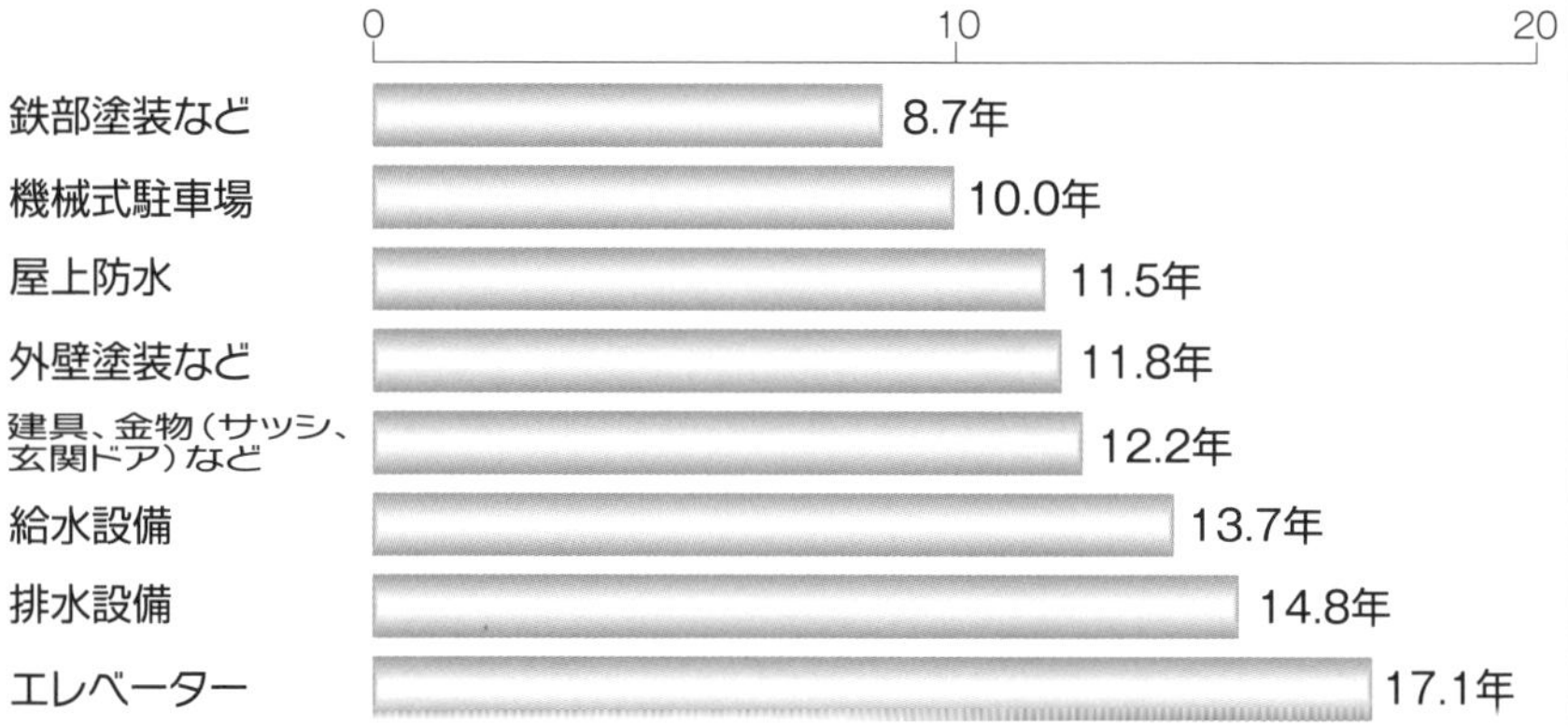

※マンション完成後または前回実施後からの年数
●国土交通省「平成20年度マンション総合調査」による

長期修繕計画の立て方

計画の作成・見直しは管理組合の仕事

長期修繕計画の作成や見直しは、管理組合が主体となって行います。ただし最近では、マンションが分譲される時点で計画が立てられていることがほとんど。管理組合としてかかわるのは、主に長期修繕計画の見直しの作業になります。計画の作成はもちろん、見直しにもかなりの時間と専門知識が必要なため、外部機関に委託するケースが多いようです。

マンションの事務管理業務を管理会社に委託している場合、長期修繕計画の作成や見直しは「**基幹事務**」（120ページ参照）のひとつとして管理会社が行います。管理会社以外の委託先としては、マンションの売り主の会社や施工会社のほか、設計事務所、「**マンション管理センター**」といった公的機関などが考えられます。

長期修繕計画で決めておくこと

長期修繕計画の作成・見直しの際、ポイントとなるのが、修繕工事の対象箇所、時期、方法、費用の4点。まず、修繕が必要になりそうな箇所・設備を具体的に挙げ、必要に応じて面積や数量も確認します。次に、劣化の状態などを踏まえて、各部の施工時期を決めます。施工方法も検討する必要があるのは、工法などによって費用が大きくかわるからです。

対象箇所、時期、方法が決まったら、おおよその費用を算出。居住者が積み立てている修繕積立金（56ページ参照）ですべて補うのが理想ですが、不足しそうな場合は、積立金の改定も検討する必要があります（150ページ参照）。

●長期修繕計画の周期・費用の例●

（単位：万円）

項目			鉄部塗装	外壁塗装	屋上防水取替	バルコニー床防水	給水装置オーバーホール	給水ポンプ取替
周期			5	10	12	12	8	15
計画年度・築年数	2011	1						
	2012	2						
	2013	3						
	2014	4						
	2015	5	120					
	2016	6						
	2017	7						
	2018	8					40	
	2019	9						
	2020	10	120	1,545				
	2021	11						
	2022	12			450	220		
	2023	13						
	2024	14						
	2025	15	120					95
	2026	16					40	
	2027	17						
	2028	18						
	2029	19						
	2030	20	120	1,545				

※2010年に新築したマンションの例

資金計画の見直し

長期修繕計画に合わせて資金計画の変更も必要

長期修繕計画を見直し、修繕工事のスケジュールや内容に変更を加えると、それに伴って工事の費用も変わってきます。修繕工事の費用には区分所有者が支払っている修繕積立金をあてますが、それだけでは不足する場合もあるでしょう。費用がないからと修繕工事を先のばしにすると、傷みが進み、かえって多額の費用がかかります。長期修繕計画が適切なものであれば、それに沿って必要な修繕工事を行えるよう、資金計画も見直す必要があります。

工事資金の不足が予想される場合

資金不足を補う方法は、大きく2つに分けられます。1つめが、大規模修繕工事の時期に合わせて一時金を集める方法。月々の修繕積立金の金額は変わりませんが、急な支出に対応できない居住者がいることも考えられ、必要な金額が集まらない可能性もあります。2つめが、修繕積立金の金額を変更する方法。「**均等積立方式**」と「**段階増額方式**」の2種類があります。均等積立方式は、必要な費用の総額を工事までの月数で割った金額を月々の修繕積立金とするもの。段階増額方式は、必要な費用の総額を、工事までのあいだに段階的に増額しながら積み立てるものです。一時金の徴収と修繕積立金の変更を併用する方法もあります。一時金の徴収や修繕積立金の変更には、総会の決議が必要。区分所有者の理解を得るためには、十分な資料を用意し、具体的な金額を挙げて説明することが大切です。

●修繕積立金の不足を補う方法の例●

- 戸数：100戸
- 専有面積はすべて同じ
- 現在の修繕積立金：各戸8,000円（月額）
- 20年の長期修繕計画
- 修繕費用の総額3億円

一時金の徴収の場合

10年めの修繕工事の費用：1億2千万円

1億2千万円ー(8,000円×100戸×120カ月)÷100戸＝1戸あたり24万円

20年めの修繕工事の費用：1億8千万円

1億8千万円ー(8,000円×100戸×120カ月)÷100戸＝1戸あたり84万円

➡ **月々の修繕積立金　8,000円** ＋ **10年め　24万円** ＋ **20年め　84万円**

修繕積立金の変更

均等積立方式の場合　3億円÷100戸÷240カ月＝12,500円

➡ **月々の修繕積立金　12,500円（4,500円の値上げ）**

段階増額方式の場合　5年ごとに、1戸あたり月額2,000円の増額をする。

〈増額分〉　6〜10年め　2,000円×100戸×60カ月＝1,200万円
11〜15年め　4,000円×100戸×60カ月＝2,400万円
16〜20年め　6,000円×100戸×60カ月＝3,600万円
増額分の合計:7,200万円

(3億円ー7,200万円)÷100戸÷240カ月＝9,500円

➡ **1〜5年めの修繕積立金　9,500円**

6〜10年めの修繕積立金　11,500円

11〜15年めの修繕積立金　13,500円

15〜20年めの修繕積立金　15,500円

大規模修繕工事とは?

長期修繕計画に含まれる大がかりな工事

マンションで行われるさまざまな修繕工事のうち、何が大規模修繕工事にあたるのかについては、とくに基準が設けられていません。一般に、多額の費用がかかったり、足場を組んで大がかりに行ったりするものを「**大規模修繕工事**」と呼ぶことが多いようです。長期修繕計画に組み込まれている工事は、すべて大規模修繕工事にあたると考えてもよいでしょう。対象となる箇所・設備によって工事の周期が異なりますが、足場を組まなければならない作業については、できるだけ同時に行うのがおすすめ。足場を組んだり外したりする作業そのものに費用が発生することや、足場があるあいだは居住者が暮らしにくさを感じることなどを考えると、まとめて行ったほうが効率がよいからです。

「修繕」だけでなく「改修」工事をすることも

大規模修繕工事の目的は、建物や設備の劣化した部分を修繕して元の状態に戻すことです。でも、必要に応じて、マンションをグレードアップする「改修工事」を兼ねて工事を行う場合もあります。改修工事として考えられるのは、共用部分の改装や新しい設備の設置、建物のバリアフリー化など。新築時の長期修繕計画には、改修工事まで含まれていないのが普通です。計画を見直す際に、改修工事が必要かどうかについても検討するとよいでしょう。内容によっては、単独で行うより、ほかの工事と同時に行ったほうが割安になることも考えられるので、施工の時期も慎重に決めましょう。

●大規模修繕工事のいろいろ●

外壁のタイル貼替
外壁や、屋外に面した共用通路の壁などがタイル貼りの場合、劣化しているところを部分的に貼り直したり、接着剤を注入して補強したりする

共用部分やバルコニーの床の防水
それぞれのマンションの構造や工法に合わせて、適切な防水工事を行う

シーリング工事
アルミサッシや扉と壁のすき間を埋めているシール材（弾力性のある樹脂）を、新しいものにとりかえる

給排水設備の交換
水道管とつながっている受水槽やポンプ、各戸の共用部分の給水・排水管などを新しいものにとりかえる

電気設備の交換
共用部分の照明や配線、配電盤などを新しいものにとりかえる

外壁の塗装
外壁や、屋外に面した共用通路の壁・天井などの塗装。下地にひび割れなどがある場合は、下地の補修工事をしてから塗装を行う

屋上（屋根）の防水
それぞれのマンションの構造や工法に合わせて、適切な防水工事を行う

鉄部の塗装工事
手すりや階段など、ペンキで塗装されている部分を塗り直す。サビが出ている場合などは、いったん塗装を落としてサビとりなどの処置を行ってから塗り直す

建物・設備の劣化診断

修繕工事の前に劣化診断を実施

大規模修繕工事の準備として欠かせないのが、建物や設備の劣化診断です。大規模修繕工事は、原則として長期修繕計画に沿って行いますが、計画と実際の建物・設備の状況が違っていることも珍しくありません。スケジュールや費用のムダを防ぐためには、修繕・改修が本当に必要な部分を見きわめ、具体的な工法なども想定しておくことが不可欠です。破損や不具合を早期発見するには居住者が行う日常点検（144ページ参照）が役立ちますが、実際に修繕工事を行うためには、それだけでは情報不足。建物や設備の劣化には見ただけではわからないものも多いため、専門家による劣化診断を行う必要があります。

公平な目で診断できるところに依頼する

マンションの劣化診断の依頼先として考えられるのは、マンションの売り主にあたる会社や施工会社のほか、設計事務所、建築士、「**マンション管理センター**」といった公的機関など。診断にかかる費用は、依頼する内容や診断方法、建物の状況などによって異なります。料金設定もさまざまなので、同じ条件で数社から見積もりをとってみるとよいでしょう。また、劣化診断から実際の施工まで含めて依頼してしまうと、施工による利益を優先して、劣化の度合いを高く見積もられる可能性もあります。劣化の進行度や修繕工事の必要性を客観的に見きわめてもらうため、劣化診断は、修繕工事の施工会社とは別のところに依頼するのがおすすめです。

建物の劣化診断の方法のいろいろ

●目視

鉄部のサビ、塗料のはがれやひびわれなどの有無を確認します。バルコニーへの立ち入り調査を行うことも。

●問診

管理員や理事会の役員などに、日常生活に支障のある不具合などがないかどうか、聞きとり調査を行います。

●触診

塗装した部分に触れ、チョーキング現象（手に白い粉がつく）の有無などから、塗膜の劣化の状況を確認します。

●打診

コンクリートの壁を点検用のハンマーでたたいて音を聞き、壁材の浮きなどが起こっていないかどうか診断します。

●下地材の中性化試験

本来はアルカリ性であるコンクリートが、どの程度の深さまで中性化しているかを確認します。

●塗膜付着力試験

専用の器具を接着材で壁面に貼りつけて機械で引っ張り、塗膜が下地に密着している強度を調べます。

大規模修繕工事の流れ～準備・計画～

「準備」段階は専門委員会の設置からスタート

大規模修繕工事の準備から完了までの流れは、「**準備**」「**計画**」「**施工**」「**引き渡し**」の4つの段階に分けることができます。施工内容や規模にもよりますが、長期修繕計画で修繕工事が予定されている時期の1～2年前には準備にとりかかるとよいでしょう。

まず最初に、理事会の諮問機関として「**修繕委員会**」などと呼ばれる専門委員会をつくります。次に、居住者へのアンケート調査などで現状を把握したうえで修繕工事の基本計画案をまとめます。その後、計画を具体的なものにしていくため、専門家に委託して建物・設備の本格的な劣化診断（154ページ参照）を行います。

「計画」段階では修繕工事の設計を行う

劣化診断の結果が出たら、施工方法や資金計画について、具体的な検討を始めます。まず、工事の「発注方式」を決めることからスタート。大規模修繕工事には専門知識が必要なため、各段階で専門家の協力が欠かせません。工事の完了までの仕事は、「**修繕工事の設計**」「**施工**」「**工事監理**（依頼どおりに工事が行われているかどうかを監督する）」の3種類に大きく分けられます。発注方式とは、3種類の仕事をどのように割り振り、どこに委託するか、ということ（160ページ参照）。発注方式を決めたら、それに従って工事の設計を発注し、できあがってきた設計案や資金計画について検討します。その後、説明会などを開いて居住者の意見調整を行い、最終的な修繕工事計画を決定します。

●大規模修繕工事の流れ～準備・計画～●

準備

総会で 専門委員会設置の決議

修繕委員会の設置	理事会の諮問機関として、専門員会を設置する

居住者へのアンケートを実施するなどして、現状を把握する

修繕計画案の作成	大規模修繕工事の計画案をまとめる

総会で 修繕計画案の承認の決議

総会で 劣化診断の実施の決議

劣化診断の実施	専門家に委託して、建物・設備の劣化診断を行う

計画

工事の発注方式を決める	大規模修繕工事の、どの部分を、どこ（だれ）に委託するかを決める

総会で 工事の発注形式に関する業務委託契約の決議

資金計画の検討	工事の費用が修繕積立金でまかなえるか、不足する場合、どのように資金を調達するか、などを検討する
具体的な修繕計画の設計	専門家に委託して、具体的な工事の計画案をつくる

計画案について、内容や費用などを検討し、必要に応じて修正する

説明会などを行って居住者の意見調整を行い、工事計画への合意を得る

大規模修繕工事計画の決定

大規模修繕工事の流れ～工事・引き渡し～

「工事」段階では工事監理をしっかりと

　大規模修繕工事の計画が決定したら、工事を実施する段階に移ります。発注方式（160ページ参照）が設計監理方式の場合は、まず施工会社を選び、施工会社の決定後、工事を開始します。

　大規模修繕工事は、居住者が建物内で生活している状態で行われるため、工事期間中は不自由なことも多くなります。工事開始後の苦情などを減らすため、事前に説明会を開き、居住者に協力を求めるようにしましょう。

　また、依頼どおりに工事が行われているかどうかを監督する「**工事監理**」をしっかり行うことも大切。監理を委託した会社（人）からこまめに報告を受け、問題点にはすばやく対応しましょう。

完了検査などを行う「引き渡し」段階

　工事が終了したら、工事が契約どおりに行われたかどうかを確認する「**完了検査**」を行います。発注方式が設計監理方式の場合は、施工会社とは別の監理者が完了検査を行うため、第三者の公平な目で結果を判断することができます。責任施工方式の場合は、マンションの理事や専門委員会の委員が施工会社から説明を受けることになります。施工会社の立場からの説明になりがちなことに加え、専門知識がないと正確に理解・判断するのが難しいこともあるので、施工会社とは別の専門家に立ち会ってもらうと安心です。完了検査を終えたあと、施工会社から工事完了届や性能保証書といった必要書類の引き渡しを受け、大規模修繕工事が完了します。

●大規模修繕工事の流れ～施工・引き渡し～●

施工

総会で 大規模修繕工事計画の承認

施工会社を選ぶ（設計監理方式の場合）	複数の会社から見積もりをとるなどして、施工会社を決める ※責任施工方式の場合は、工事計画を設計した会社が実際の工事も行う

総会で 施工会社の承認（設計監理方式の場合）

説明会	工事開始後に考えられる生活への影響などを説明し、居住者の理解・協力を求める
工事監理	監理委託した会社からこまめに報告を受けて、問題点があれば理事会で検討する

引き渡し

完了検査	**●監理者がいる場合** 監理者から完了検査の報告を受ける **●監理者がいない場合** 理事や専門委員が、施工会社から完了検査の説明を受ける
引き渡し	必要書類を管理組合に引き渡し、工事が完了する
定期点検	工事完了後、施工会社などが定期的に点検を行い、不具合などに対処する ※契約の内容によって異なる

工事の発注方式

工事の発注方式は主に2種類

大規模修繕工事には、大きく分けて2つの発注方式があります。1つめが「**責任施工方式**」。工事計画の設計から施工、監理のすべてを1つの会社に委託するものです。委託先としては、管理会社や建設会社などが考えられます。2つめが「**設計監理方式**」。工事計画の設計・監理を行う仕事と施工を切り離し、それぞれ別の会社に委託するものです。施工は建設会社に委託することになりますが、設計監理の委託先には、施工会社とは別の建設会社のほか、管理会社、設計事務所、建築士などが考えられます（管理会社に委託できる内容は、それぞれの会社の業務内容によって異なります）。

よりよい監理者を選ぶには

設計監理方式で工事を発注する場合、設計・監理者は管理組合のコンサルタントのような役割を果たすことになります。委託先を選ぶ際のポイントは、大規模修繕工事の経験が豊富で、工事に関する技術や知識をもっていること、管理組合の役割を正しく理解していること、委託費用の内訳などが明確であることなど。工事計画の設計から完了検査までつき合っていくことになるため、専門知識をもたない相手ともコミュニケーションがとれる能力も必要です

また、委託後、設計・監理者に仕事を任せきりにしないことも大切。工事の責任者は、あくまで管理組合です。こまめに報告や相談ができる関係をつくり、設計・監理者と管理組合が連携して工事を進めていくのが理想です。

2種類の発注方式

責任施工方式

工事の設計、施工、監理をすべて1社に委託する

設計監理方式

工事の設計と監理を、施工会社とはべつの会社や専門家に委託する

修繕工事の設計

設計者（設計事務所など）

施工

同じ会社

施工会社

工事監理

監理者（設計事務所など）

責任施工方式

メリット
監理者を選定する手間が省け、一括で発注することによって費用も割安になることがある

デメリット
第三者のチェックが入らないので、工事の内容や費用が施工会社にとって有利になる可能性がある

設計監理方式

メリット
工事の内容や費用を、第三者の目から判断できる

デメリット
工事費用とは別に、設計監理者への業務委託費用が必要

施工会社の選び方

複数の会社から見積もりをとる

施工会社を決める際に大切なのは、公正な方法で居住者が納得できる会社を選ぶこと。管理組合にとって有利な条件で施工を委託するためには、複数の候補に競争させるのが基本です。必ず複数の会社から見積もりをとり、金額や内容を比較検討しましょう。

最初に、見積もりを依頼する候補を集めます。居住者や管理会社からの推薦・紹介のほか、インターネットや業界紙を利用した公募などの方法もあります。工事を設計監理方式で発注する場合は、設計・監理者に相談し、評判のよい会社を推薦してもらいましょう。候補が決まったら、すべての会社から同じ条件で見積もりをとります。同時に、各社の担当者と面談して詳しい説明を受け、工事の「質」も見きわめます。

費用だけでなく、技術やサービス内容も考慮する

施工会社を決めるときは、見積もりと工事の質のバランスを考えることが大切。費用の安さばかりを重視せず、技術力や安全対策、工事後の点検や性能保証といったアフターサービスなども含めて総合的に判断します。専門的な部分については、設計・監理者にアドバイスを求めるとよいでしょう。

理事会で1社に内定したあと、総会で区分所有者の承認決議を得て、正式に施工会社を決定します。総会では、内定先を決めた理由を具体的に示す必要があります。選考の経緯や費用とサービス内容の兼ね合いなどについてわかりやすい言葉で説明し、区分所有者に理解と協力を求めましょう。

●施工会社の選び方●

候補となる会社を選ぶ	居住者や管理組合、設計･監理者からの推薦、紹介、インターネットや業界紙での公募など

↓

候補が多数の場合は、同様の工事の実績や会社の経営状況などを検討し、数社に絞り込む

見積もりをとる	すべての会社に同じ条件を示し、見積もりをとる
面談を行う	すべての会社の担当者と面談し、工事内容に関する説明を受ける
1社に内定する	見積もりや担当者の説明内容などから、理事会で1社に内定する

↓

工事内容や費用、選考の経緯などを説明する

総会で 施工会社の承認の決議

施工会社を決定する

住民への説明と工事の影響

事前の説明会で工事の概要を伝える

大規模修繕工事は、居住者が建物内で生活している状態で行います。工事のための引っ越しなどの手間がかからない半面、工事期間中は居住者にとって不便なことも出てきます。居住者からの苦情を最小限におさえるためには、実際に工事を始める前に「**工事説明会**」を行うのが有効です。説明会では、工事の内容や範囲、おおよそのスケジュール、施工会社の管理体制などに加え、工事中に想定される居住者の生活への影響や注意点、協力してほしいことなども具体的に伝えておきましょう。工事への理解を深めることは、居住者1人ひとりの当事者意識を高めることにつながり、工事への不満を減らすのに役立ちます。

居住者からの苦情は管理組合などに集約する

事前に工事説明会を行っていても、実際に工事が始まると、居住者から不満や意見が出てくるのが普通です。でも、工事の計画全体を把握していない現場の作業員に苦情を言うのは、トラブルのもと。苦情の窓口は管理組合などに1本化し、説明会の際に居住者に確実に伝えておきましょう。掲示板などを利用して、工事の進み具合や予定をこまめに知らせることも苦情を減らすのに役立ちます。

また、大規模な工事は周囲にも影響を及ぼすため、工事が始まる前に、管理組合の代表者が近隣にもあいさつを。迷惑をかけることについてのお詫びに加え、工事の概要やおおよその期間、予想される生活への影響なども、きちんと伝えておきましょう。

●工事中に予想される生活への影響●

・プライバシーが守られない
・洗濯物を干す場所がない
・バルコニーに置いてあるものの移動が必要
・在宅しなければならないことがある（各戸への立ち入りが必要な場合）

・風通しが悪い
・日当たりが悪い
・ゴミ・ほこりが多くなる
・窓を開けられない

・騒音・振動
・塗料などの悪臭
・工事用車両の出入り

・一時的な停電や断水
・共用部分の使用が制限される

工事資金が不足している場合

資金不足だからと延期しないほうがよい工事も

実際に工事の設計をしてみると、計画段階では予想できなかった内容が組み込まれてくることも多いもの。そのため、長期修繕計画の見直しを行っていなかったり、見直しの際、資金面の計画にゆとりがなかったりすると、工事の準備・計画段階に入ってから資金不足が明らかになることがあります。

建物や設備の劣化の程度にもよりますが、費用が足りないからと修繕工事を先のばしにすると、建物の傷みは加速度的に進むため、かえって工事費用がかさんでしまうこともあります。劣化診断を委託した専門家とも相談したうえで、資金計画を見直してでも工事をしておくべきかどうか判断しましょう。

不足している資金を補う方法

工事の前に資金不足がわかった場合、対応策は大きく分けて2つあります。1つめが区分所有者から一時金（150ページ参照）を集める方法。借り入れにくらべて、返済時の利息が不要などのメリットはありますが、区分所有者の理解を得るのが難しいことも少なくありません。負担額にもよりますが、急な出費に対応できない区分所有者がいることも考えられます。2つめが、公的機関や金融機関から不足分を借り入れる方法。区分所有者が急な支出をしなくてすむ半面、返済のために修繕積立金の増額などが必要になります。どちらの方法をとる場合も、総会での決議が必要。工事の必要性や費用の内訳などを具体的に説明し、協力を求めましょう。

●工事資金の調達方法と修繕積立額●

修繕工事実施時の工事費調達方法（複数回答）

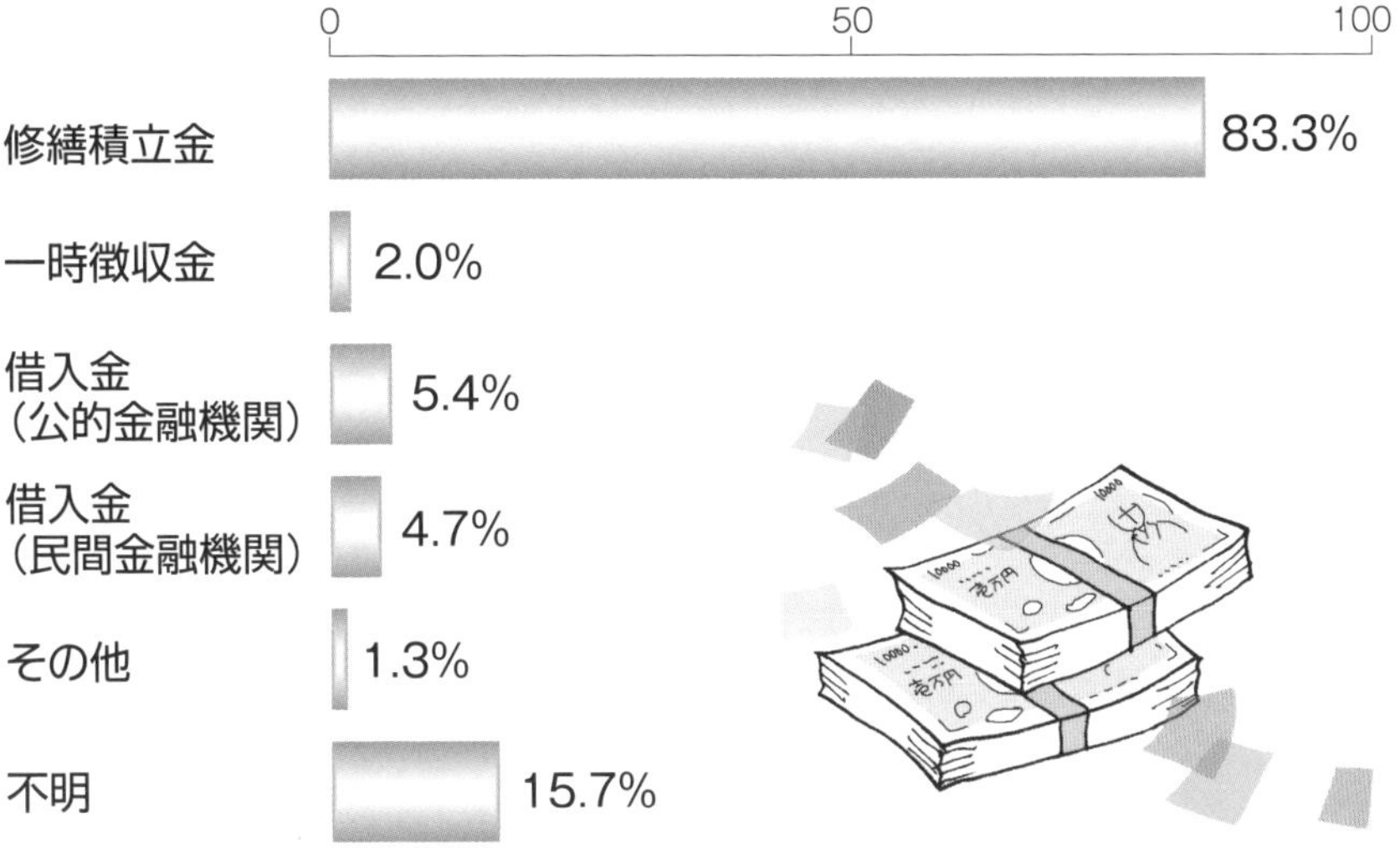

●国土交通省「平成30年度マンション総合調査」による

長期修繕計画上の修繕積立金の積立額

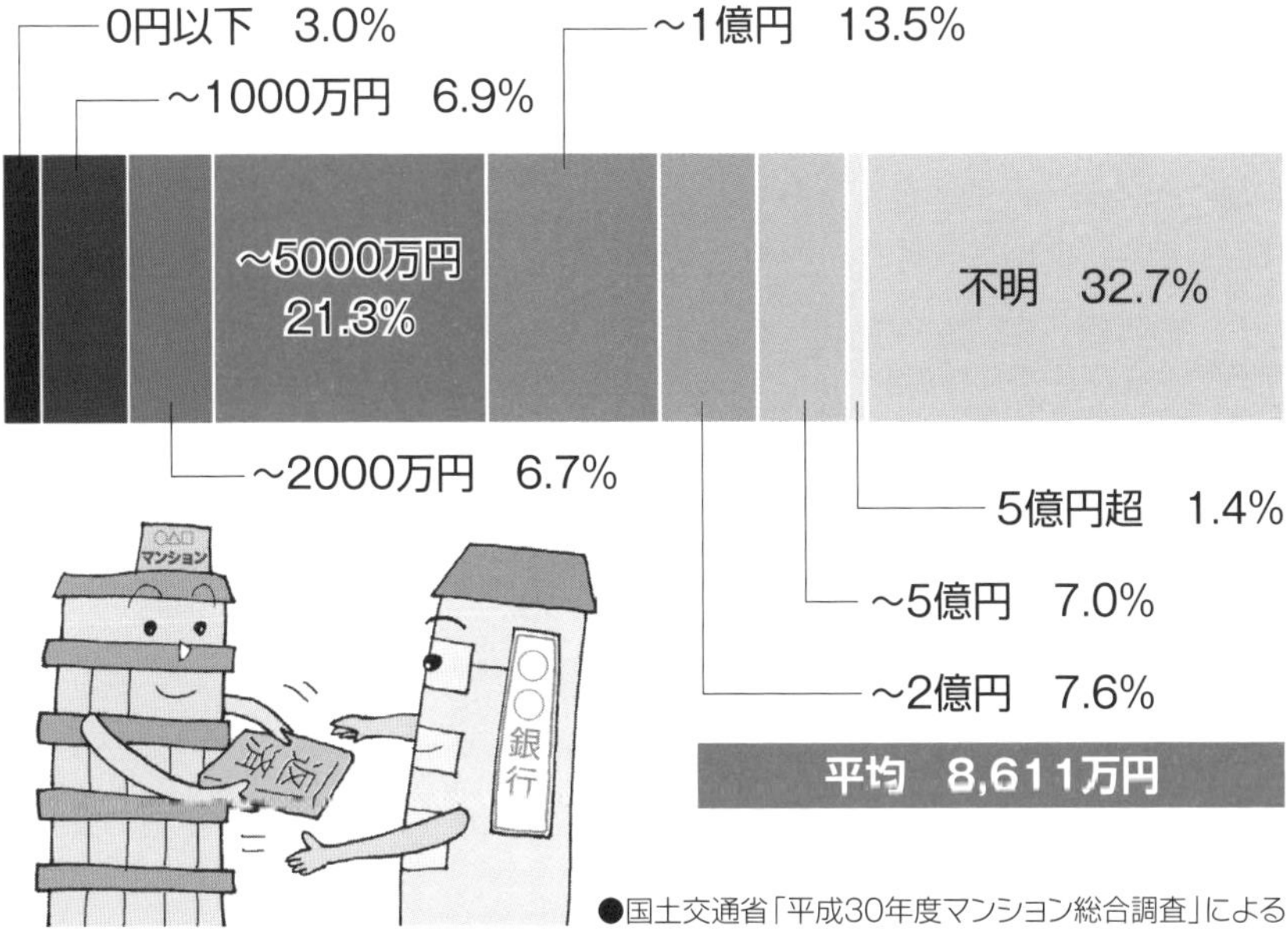

●国土交通省「平成30年度マンション総合調査」による

マンション建て替えの提起

有志による勉強会の発足からスタート

多くの場合、マンションの建て替えは居住者の一部からの希望がきっかけになります。建て替えに向けて動き出すためには、まず「管理組合として正式に建て替えの検討を行うこと」に同意してもらう必要があります。その準備として、立て替えを希望する有志による勉強会を始めるのが一般的です。

勉強会では、建て替えに関する情報集めや具体的な成功事例の調査を行います。マンションの現状を知るための材料として、居住者自身で老朽度をチェックしたり、居住者に住環境に関する満足度のアンケートを行ってみたりしてもよいでしょう。情報を十分に集めたら、マンションの敷地面積や都市計画・建築規制などの条件、修繕工事による改善の可能性などを踏まえて、建て替え後のイメージや建て替えの手順などの検討に移ります。

管理組合としてのとり組みには総会決議が必要

建て替えの大まかなイメージがかたまったら、これまでの調査結果などをわかりやすくまとめて理事会に報告し、「管理組合として正式に建て替えを検討すること」を提案します。理事会において建て替えの検討の必要性が認められると、総会に議案として提起されます。管理組合として建て替えの検討にとり組むためには、「建て替えの必要性や計画などを検討する組織」の設置や、そのための経費の拠出に関する決議が必要。総会で承認された段階で初めて、管理組合として建て替えを検討する仕事がスタートします。

●居住者ができる！ マンションの老朽度チェックの例●

安全性判定の項目でAに当てはまるものがある、または居住性判定の項目でAに当てはまるものが多い場合は老朽化が進んでいる可能性がある。

	確認項目	結果	
安全性判定	マンションの建築確認がされた年	A1981年6月1日以前	B1981年6月1日以降
	ピロティ(※)や、壁のない独立柱はあるか	Aある	Bない
	外壁や柱、梁などにひびが入っているところが目立つか	A目立つ	B目立たない
	雨漏りや、上階からの漏水が目立つか	A目立つ	B目立たない
	平らであるはずの床にビー玉を置くと、自然に転がるか	A転がる	B転がらない
	バルコニー側から、隣の階段室の住戸または下階の住宅に容易に避難できるか	A避難できない	B避難できる
居住性判定	天井の高さに圧迫感などを感じる居住者が多いか	A多い	B多くない
	上階や隣戸のトイレの水を流す音が聞こえるか	A聞こえる	B聞こえない
	玄関扉やポーチ部分に大きな段差があるか	Aある	Bない
	共用廊下や階段などに補助手すりが設置されているか	A設置されていない	B設置されている
	住戸内に結露が目立つか	A目立つ	B目立たない
	シャワーの水圧などは十分か	A不十分	B十分

※ピロティ：柱だけで構成されている壁のない階

●国土交通省「マンションの建替えか修繕かを判断するためのマニュアル」より

管理組合での検討

修繕・改修で対応する可能性も検討

管理組合として建て替えを検討することが承認されたら、「**建て替え検討委員会**」を設置します。幅広い年齢層・立場の人に加わってもらい、さまざまな意見をとり入れられるようにしておきましょう。検討委員会では、まず、建て替えと、修繕・改修との比較を行います。具体的な検討には専門知識が必要なので、専門家に協力を依頼しましょう。委託先として考えられるのは、建設会社や設計事務所、コンサルタントなど。まずは専門家による本格的なマンションの老朽度診断を行い、建て替えの必要性を調べます。同時に、建て替え後の入居希望の有無や、建て替え後に希望する住環境などに関するアンケートやヒアリングを行います。こうした資料から、建て替えと修繕・改修それぞれの効果とおおよその費用をまとめた計画案をつくります。

建て替え計画の推進を総会に提案

計画案がまとまったら、区分所有者向けの説明会を開き、計画案の内容をわかりやすく伝えます。建て替えに関する理解が十分に得られた段階で、総会に議案として提起し、「建て替えの計画を本格的に進めていくかどうか」の決議（建て替え推進決議）を行います。この決議は法律で定められたものではありませんが、区分所有者の合意を形成していくために行われるのが普通です。総会で承認が得られたら、理事会の諮問機関として、マンションの建て替えの具体的な計画をつくる「建て替え計画委員会」を設置します。

●建て替えの検討から計画委員会の設置まで●

建て替え検討委員会の設置	建て替えをするか、修繕・改修で対応するかについて検討する
専門家の協力を求める	・マンションの老朽度を詳しく診断 ・専門知識に基づくアドバイス
区分所有者の意識調査	・建て替え後の入居を希望するか ・建て替え後の住環境への希望
計画案をつくる	**建て替えの場合** ・工事の内容 ・おおよその費用 ・建て替えによって改善されること **修繕・改修の場合** ・工事の内容 ・おおよその費用 ・修繕・改修によって改善されること
説明会の開催	それぞれの計画案を示し、わかりやすく解説

建て替えへの賛同者が増えてきたら

総会に提案	建て替えの必要性と、具体的な計画を進めることを提案
建て替え推進決議	区分所有者総数と議決権総数の3/4以上の賛成で可決されるのが望ましい

建て替え計画委員会の設置

建て替えの計画と建て替え決議

居住者の希望に合う計画案をつくる

建て替え計画の作成には、幅広い知識と経験をもつ専門家の協力が欠かせません。検討段階での委託先に引き続き依頼するほか、計画段階では別の専門家に加わってもらってもよいでしょう。また、同意が得られず空き室が出る可能性がある場合は、販売力をもつデベロッパーの協力も必要です。

建て替え計画案は、より多くの居住者の希望に合うものであることが大切。計画づくりにとりかかる前に、もう一度、アンケートやヒアリングを行いましょう。建て替えへの賛否に加え、建て替え後に希望する広さや間どりといった具体的な要望を集め、建て替え計画に反映させていきます。

具体的な計画を示して総会に提案

マンションの建築計画などと並行して、建て替えに必要な許認可や補助制度などについて地方公共団体と協議を行ったり、建て替えの影響を伝えて理解を求めるため、近隣住民への説明会を開いたりする必要もあります。また、建て替えに賛成しない区分所有者にも、反対の理由を聞き、個別に解決の可能性を探りましょう。

建て替え計画をつくる段階では、定期的に説明会を開きます。建築計画や事業計画、費用などについて区分所有者の理解を得ると同時に、それぞれの意見や希望を聞き、計画案を修正していきます。こうして建て替え計画がかたまったら、総会に諮《はか》ります。区分所有者総数と議決権総数の5分の4以上の賛成で、マンションの建て替え決議が成立します。

● 建て替え計画の作成から建て替え決議まで ●

専門家の選定、業務委託	コンサルタントとしての協力者に加え、販売力のある専門家が必要なこともある
区分所有者の意識調査	・建て替えへの賛否 ・建て替え後に希望する具体的な住環境など
建て替え計画の作成・修正	区分所有者の意見をとり入れながら計画案をかためていく

区分所有者への説明会
（定期的に開催）
- 計画案への理解を求める
- 希望や意見を聞き、計画案に反映する

地方公共団体との協議
- 必要な許認可の申請
- 補助制度などの確認

近隣住民との協議
- 建て替え工事で予想される影響について、理解を求める

非賛成者への対応
- 反対の理由を把握する
- 計画案の修正などで解決できる可能性を検討する

総会に提案	建物の設計の概要、費用の概算と分担、建て替え後の居住者の区分所有権などをまとめ、議案として提起
建て替え決議	区分所有者総数と議決権総数の5分の4以上の賛成で可決される

建替組合の設立

建て替え参加者とデベロッパーによる組合を設立

建て替え決議がなされ、最初にしなければならないのが、「**建替組合**」の設立です。管理組合は、現在のマンションの共用部分を維持管理するための組織なので、建て替えのためにマンションをとりこわした時点で役割を終え、解散することになります。そのため、マンションの建て替えを進めるためには、新たな「建替組合」が必要なのです。

定款や事業計画を定めたうえで都道府県知事に組合の設立を申請し、認可された時点で、建替組合が発足。建て替えに参加する区分所有者のほか、協力するデベロッパーも組合員となります。

建て替え不参加者には権利の売り渡しを求める

マンションのとりこわし前には、積み立てられた管理費・修繕費の清算を行います。ただし、全員の合意が得られれば、残額を建替組合に引き継ぐことも可能です。

建て替え決議に同意しなかった人には、決議後、あらためて建て替えへの参加の意思を確認します。不同意の人に対しては、建替組合に権利を売り渡すように請求することができます。売り渡し請求と同時に、不参加者の権利はすべて建替組合に移ることになっています。こうして、マンションの権利がすべて建て替え参加者側に移った時点で、管理組合の役割は終了。このあとは建替組合の主導で、建て替え後のマンションに各区分所有者の権利を移し替える「**権利変換**」や、実際の建て替え工事が行われます。

●建て替え決議から着工まで●

建替組合の設立

定款と事業計画を定める

↓

建て替え合意者とその議決権の4分の3以上の同意を得る

↓

都道府県知事に組合設立を申請

↓ 認可

建替組合の発足

建て替え不参加者の意思確認

建て替え決議後、建て替えへの参加·不参加の意思を書面で確認する

↓ 不参加の場合

権利の売り渡し請求

不参加者の権利を、建替組合に売り渡すように請求

↓

請求が届いた時点で、建替組合に権利が移る

↓

建物·敷地の所有権がすべて建て替え参加者に移る

↓

管理組合の解散　管理費·修繕積立金の清算　権利変換

建て替え工事の実施

管理組合として備えておきたいもの

いざというときの備えを忘れずに

マンションは法律で定められている消防設備や避難器具などが設置されていますが、管理組合としてもいざというときの備えが必要です。

軍手やガムテープが１つあったおかげで、避難がしやすくなることもあります。

定期的に使えるかどうかの点検を

また、理事が交代したときなどに、備蓄品のチェックをするといいでしょう。必要なものはすべてあるか、錆びていたり、電池が切れていないか、定期的に点検していつでも使えるようにしておきましょう。

●備えておきたい備蓄品

第6章

マンション理事長の「大岡裁き」事例集

「大岡裁き」こそがトラブル解決の決め手!!

最も多いトラブルは居住者間のマナー関係

　全国の管理組合や区分所有者を対象に、国土交通省が定期的に行っている「マンション総合調査」によると、マンションで最も多いトラブルは、居住者間のマナーをめぐるものです。

　解決方法は左ページ「トラブル解決法」のように「管理組合で話し合った」が最も多く、法的な手段に頼らずに解決したケースがほとんどです。では、どのように話し合ったのでしょう?

情理を尽くした大岡裁きがモノを言う

　マンションは住民が同じ建物を共有し、快適に暮らしたいと願う生活の場です。トラブルを起こした住民も、指摘した住民も「不愉快だから転居する」ことはなかなかできません。そこで、トラブル解決に当たる管理組合の役員に求められるのは、道理をわきまえた公平さと、しこりが残らないように円満解決する手腕です。三方一両損で知られる「大岡裁き」が解決の決め手になります。

三方一両損

三両入った財布を落とした者と拾った者。どちらも自分がもらう筋でないと頑固に主張。時の江戸町奉行・大岡越前守は自分で一両加えて、二両ずつを両人に褒美として与えた。ふたりはともに一両の損で奉行も一両の損。これ呼んで「三方一両損」。

●トラブルの発生状況（重複回答）

過去1年間のトラブル発生の状況。居住者間のマナーによるトラブルが圧倒的に多い。住民間のコミュニケーションをよくすることで、トラブルの発生を抑制できる可能性がある。

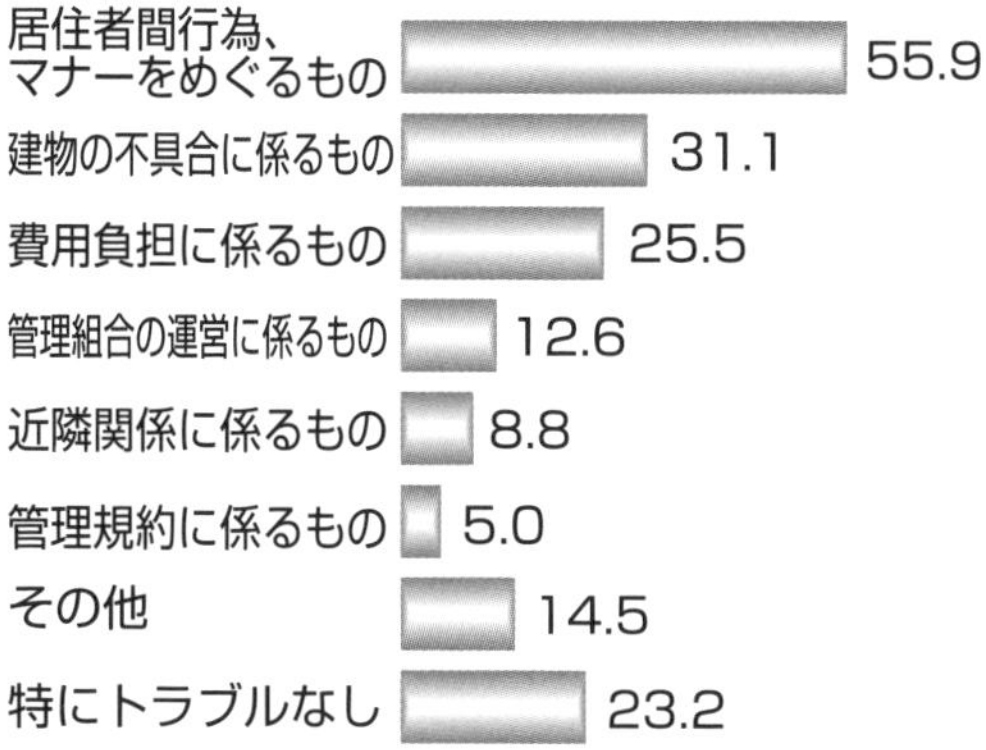

●トラブルの内容（重複回答）

居住者間のマナーでのトラブルが上位を占める。なかでも生活音によるトラブルが多い。違法駐車・違法駐輪ももめごとの原因になりやすく気をつけたい。上下階の水漏れ・ペットも要注意。

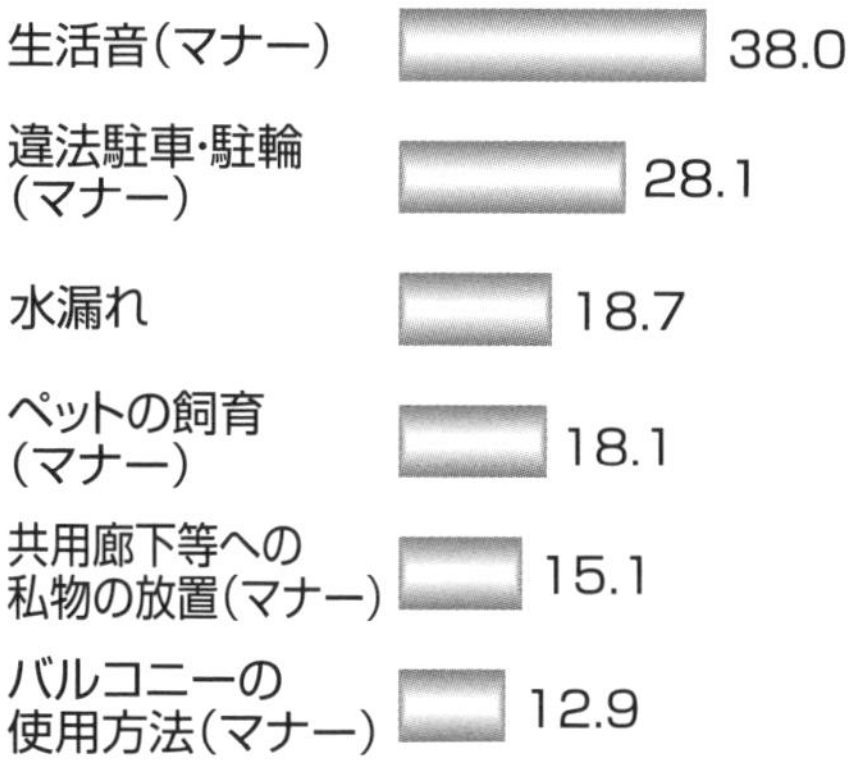

●トラブル解決法（重複回答）

マンションのトラブルは、管理組合(総会あるいは理事会)での話し合いを基本に、管理業者や弁護士などに相談したり、当事者間での話し合いを促すことで解決するケースが多い。

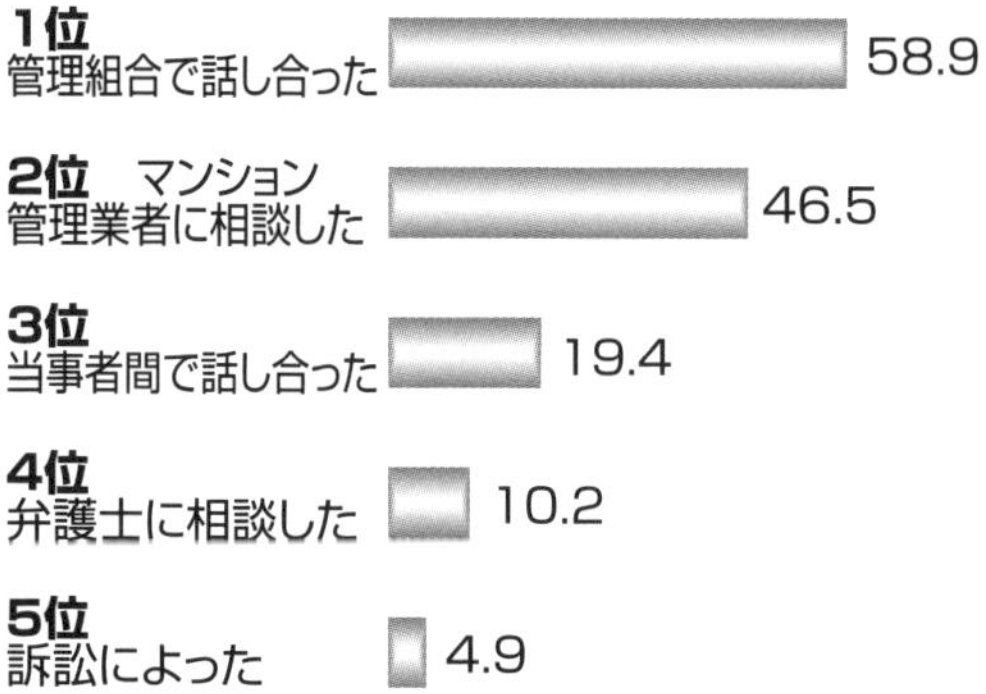

国土交通省「平成30年度マンション総合調査」による

騒音問題をズバリお裁き!!

「音」はマンションで最も起こりやすいトラブルの1つ

隣家の楽器演奏やテレビ、階上の足音など、「生活騒音」のトラブルはマンションで起こりやすく、深刻化しやすいのが特徴です。音を出すほうは気がつかなくても、耳に入る側は「眠れないほど気になる」と訴え、日常生活に支障をきたすほど、脅威に感じる人もいます。深刻さが増し、暴力事件にまで発展するケースも少なくありません。

騒音に対する苦情が上ったら、理事会でも取り上げ、大事に至る前に対処しなければいけません。

まず、当事者同士の話し合いで解決してもらう

ただし、音の問題は主観が入りやすい問題です。ある住民から苦情が上げられても、すぐに理事が動くと問題をこじらせることがあります。音を出した側が、いきなり理事会から注意をされたと受け取り感情的になることがあるからです。

うるさいと感じた側が率直に音を控えるようにお願いすれば、すんなり解決することもあります。

理事は客観的な立場で両者が納得する策を探る

当事者同士で解決できなかったら、理事の出番です。両者の話を聞き、妥協点を提案し、納得してもらいます。

騒音の大きさや時間帯が常識外であれば、区分所有法などに定められている「有害行為」や「共同の利益に反する行為」になりますから、管理会社などに「騒音測定器」を借り、客観的なデータを示して改善を迫る方法もあります。

事例1

「隣の家のピアノがうるさい、なんとかして!!」

訴え

「隣家の子どもが弾くピアノがうるさくてしかたがない」と理事会に訴えてきたAさん（45歳女性）。直接、隣に掛け合ってもいっこうにラチがあきません……。

お裁き

理事会で話し合い、Bさんの考えも聞くことにしました。

Bさんの主張は「①娘のピアノはとても上手で騒音ではない」「②窓を閉めて音が外にもれないようにしている」「③大きな音でもないのに文句をつけるAさんは意地悪だ」というものでした。

①と③はかなり主観的な感想なので置くとして、②を実行しているらしいので、音に対する配慮があることが理解できました。

②に加え、演奏の時間帯や1日の制限時間を提案し、その話をAさんに戻したところ、「夜の8時までなら我慢する、1日2時間までにしてほしい」との希望。

そのことをBさんに伝え、さらに理事からのアドバイスとして、娘さんをプロの音楽家に育てるつもりなら、部屋に防音装置を施したらどうかと提案しました。

「プロの音楽家」のひと言に気をよくしたBさんは納得してくれました。ただ最後まで「娘の美しい演奏をタダで聴かせてあげているのに」と不満そうでしたが……。

事例2 「階上の居住者の足音がうるさい!!」

訴え

「1階上のEさんがカーペットをフローリングに替えたところ、生活音が聞こえるようになりました。ストレスを感じることもあり、何とかしてほしい」（Kさん44歳男性）

お裁き

マンションを購入するときも、床材の遮音性能はチェックしたいものです。遮音性能が低いと騒音のトラブルを引き起こしやすいからです。

Eさんに確認すると、フローリングの床材は建築学会が推奨する「LL-45」の遮音性能のものを使っているとのこと。そうは言っても、Kさんが気になるなら、申し訳なかったと謝罪しました。これからはカーペットを敷いたり、いすを動かすときは引きずらないようにしたり遮音に注意するとのことでした。

管理組合では、今後リフォームするときは遮音効果のある床材を使うことを義務づけることにし、フローリングにする際は、基準（例えば「LL-45」）以上の床材を使用しなければならない、といった条件を総会に諮《はか》り、使用細則に加えました。

軽量床衝撃遮音等級	いすの移動、物の落下音など
LL40	ほとんど聞こえない
LL45	小さく聞こえる
LL50	聞こえる
LL55	少し気になる
LL60	よく聞こえる

※数字が小さいほど遮音性能は高い

事例3 「リフォーム工事の音がうるさい」

訴え

「隣のDさんのリフォーム工事で、迷惑をしています。工事のあいさつもないまま始めて、朝早くから夜の9時ごろまで騒々しい。理事長から叱ってください」（Hさん68歳女性）

お裁き

まずHさんからDさんに、直接話してみるようにお願いしました。率直に言えば、「あっ、すいません。気をつけます」で済むことが、理事会が間に入ったために、告げ口したと思われこじれることがあるからです。

私のアドバイス通り、HさんがDさんに直接話したところ「工事は管理組合に届け出ているので、文句を言われる筋はない」と強気の姿勢だったそうです。

そこで、理事としてDさんに直接会い、「9時までの工事は規約違反になる恐れがある」ことを通知し、改善をお願いしました。

その結果、DさんはHさんがとくに腹を立てていた最初にあいさつを入れなかったことを詫び、「工事業者には6時以降は作業をしないように注意する」と恐縮していました。

その回答をHさんに伝えると、「夕飯のとき振動がしたので、苦情を言ったが、6時までに終わるならかまいません」と理解してくれました。

両者の関係をこじらせる原因になった、最初のあいさつですが、やはりマナーとして必要でしょう。最近は、業者が依頼主に代わって最初に断りを入れることも多いようですが、それでも、工事中とその前後に近所の人に会ったら、「ご迷惑をおかけします」のあいさつはしましょう。そのひと言で、相手のイライラはずいぶん解消されるはずです。

ペット問題をズバリお裁き!!

ほかの管理組合では どうなっているの?

少子高齢化が進むわが国で、ペットの需要は年々高まっています。現在飼われている犬猫の数は、15歳未満の子どもの数を上回るという統計もあります。居住者の高齢化が進むマンションでも、ペットと暮らしたいという要望は強くなっています。

そうした居住者のニーズを反映して、平成17年以降に売り出されたマンションの90%以上がペットの飼育を認めています。平成11年以前の新築マンションでの「ペット可」は30%足らずでしたから、この10年で急速にペット可のマンションが増えたことがわかります。

ペット不可の既存のマンションでも、居住者が高齢化するにしたがいペットとのふれあいによる情緒の安定というメリットから、「ペットの飼育を認めよう」という傾向にはあるようです。だからといって、「ペットを飼えるように管理規約を変更しよう」と能動的な動きをしている管理組合はまだ少数のようです。

ペットの問題で難しいところ

ペットに関して最も多いトラブルは、管理規約でペットの飼育が禁止されているにもかかわらずペットを飼っている住民へのクレームです。

「騒音や異臭がする」、「通路をうろうろする」「抜け毛などが気になる」などのクレームが寄せられますが、煎じ詰めれば「管理規約に違反しているのに飼っていいの?」という苦情です。管理規約にペットが禁止されているのに、

どうして飼うのか？　という正論をかざされたら、飼い主は反論できません。

　ペットの問題で難しいところは、ここにあります。

　飼い主はたしかに規約違反をしているのですが、家族同然のペットをいまさらモノのように捨てることはできるか、という情の面にあります。

理事が求められる情理を尽くしたお裁き

　本来なら、管理規約どおりに飼い主にペットの処分を申し出るべきところですが、実際にはクレーム側の言い分と飼っている居住者の言い分をよく聞いて、妥協点を探るのが一般的な対処のしかたのようです。

　騒音や異臭など具体的に気になる点があれば、申し出て改善を要求します。とくに大きな問題でないようなら、「保健所で処分を」などと事を荒立てずに話し合いを基本にします。

　規則と情の両方を立てようという話ですから、禁止されているにもかかわらず、堂々と共用部分を連れて歩いたり、隣家への迷惑も省みない飼い方をしている飼い主であれば、ペナルティを課すのもやむを得ないでしょう。

　現在飼っているペット一代は許すが二代目は認めないなど、やや強めの勧告をして、マナーの改善を図る方法もよく用いられています。

　それでも改善されない場合は管理規約どおりペットを手放すよう要求する方法もあります。

盲導犬や介助犬はペットではない

　動物ではありますが、盲導犬や介助犬などの身体障害者補助犬は法律によって、ペットとして扱われません。ペット禁止のマンションでも問題ありません。

事例4 「ペット禁止だから購入したのに……」

訴え

「私は犬が大嫌い。ペット禁止のマンションだから安心して購入し転居してきたのに、隣家のおばあさんがペットを飼っています。規約に従ってほしい」（Sさん32歳女性）

お裁き

隣のUさんは高齢でひとり暮らし。愛犬「ゴン太」だけが話し相手となっているようです。ペット禁止については承知しているものの、多くの居住者が飼っているので、軽く考えていたとのこと。ただ、10年近く飼っているゴン太と別れるのは、死ぬより辛いと涙を流すUさんでした。ほかに身よりもなく、ゴン太をもらってくれるアテもありません。

本来であれば、SさんとUさんの間で話し合われる案件でしょうが、Uさんが高齢であることから、理事が仲裁しました。

Sさんに隣家の事情を話し、一代に限って容認してもらえないか話しました。さらに、鳴き声にも気をつけ、共用部分に連れ出すときは専用のかごに入れるなど、飼い方のマナーを守ることを条件に、そのまま飼い続けられないか打診しました。

Sさんは、Uさんの事情を聞き、お年寄りを相手にあまり強く主張するのも気が引けたようです。絶対、迷惑をかけないことを条件に、この件は問題にしないこととしました。

事例5 「ペットが飼えるように規約を変更してほしい」

訴え

「ペット可の新築マンションが増えていると聞きました。うちのマンションでも、ペットを飼えるように管理規約を変更してほしいと思います」（Mさん54歳女性）

お裁き

「ペットを飼いたい」「すでに飼っている」という区分所有者が多くなったら、騒音や衛生問題が起きないようにするためにも、管理規約でペットを認めたうえで、使用細則に飼い方のルールを細かく明記することは有効です。

Mさんの要望を理事会で検討し、総会に諮《はか》ったところ、管理規約の変更が可能な4分の3の賛成を得ました。

ペットが飼えるマンションになったわけですが、総会の席でペットを飼わない住民から「ペットが苦手な住民がいることも忘れないでほしい。ほかの人に迷惑をかけないという最低限のルールは守って飼ってほしい」という意見が出されました。

ペットを飼いたい住民も、その意見には賛成で、ペットを飼う場合は申請制度にしたうえで、飼い主による「ペットクラブ」を新設し、ペットの飼い主同士でルール違反がないかチェックしながら、正しい飼い方を啓蒙していこうという案が、飼い主側から出されました。

その案を使用細則に定め、今後も飼い主のマナーが乱れないようにしていくことに決まりました。

たまたま、うちのマンションではペットが飼える議案が可決されましたが、否決される場合も想定されます。そうなると飼っている人はよけいに困った立場に追い込まれることもあります。

可決も否決も区分所有者の意志なので尊重されます。

違法駐車・違法駐輪にズバリお裁き!!

多くのマンションで起こっている違法駐車・駐輪のトラブル

マンション内の駐車すべきでない場所に駐車する「違法駐車」、自転車を停める「違法駐輪」。どちらも、困った問題です。

国土交通省のアンケートによる、過去1年間のトラブル発生件数では、違法駐車が第2位（19・0％）、違法駐輪が第8位（9・1％）とそれぞれ上位にランクされます。「違法駐車・駐輪」とひとくくりにした発生件数の割合である28・1％は、「生活音（38・0％）」に次ぐ起こりやすいトラブルです。

半数以上のマンションで、違法駐車・駐輪のトラブルが発生していることになります。

違法駐車・駐輪を放置して起こること

違法駐車や駐輪を放置すると、

①消防車や救急車などの緊急活動や、ごみ収集の障害になる

②事故を起こしやすくなる

③景観が損なわれる

などの直接の被害のほかに、

④マナーへの気づかいが減り、住民のモラルが低下する

といった目に見えない被害も現出します。

居住者なら、わかった時点で理事会から注意しますが、部外者で

あれば毅然として対処する必要があります。「あのマンションは管理がずさんだから、違法駐車・駐輪OK」と思われないことです。

違法駐車のトラブルが発生したら

マンション内に無断で停める車があったら、まず違法の状況を調べましょう。それから、「警告票」をワイパーなどにはさみ、違法であることを通知します。

このとき、のりなどを使って貼ると、車体を傷つけることもあるので注意しましょう。

改善されず、さらに常習性があるようなら写真を撮り、掲示板に貼って住民の車か、あるいは心当たりがないか調査します。

居住者の車であれば、この時点で違法駐車は止まるか、何がしかの反応があるでしょう。ない場合は部外者と判断できるので、私有地に侵入し無断駐車していると、警察に届けます。

違法駐車を未然に防ぐ方法は？

違法駐車を防ぐ方法は、駐車のスペースを与えないことと、くり返し警告すること。具体的には、

①三角コーンやポールなどを置いて駐車できないようにする

②駐車禁止の文字やゼブラゾーンを路面に標示する

③看板などで警告する

④居住者に警告するために広報でルールを徹底する

⑤理事などが定期的にパトロールをする

といった施策が有効です。

放置自転車の対処法は？

駐輪場を登録制にしてステッカーの貼付を義務づければ、登録外の自転車と区別できます。登録した自転車が駐輪場以外にしばしば駐輪していたら、持ち主に注意します。

ステッカーがない場合は、管理組合で処分することを書いた「警告票」を貼り、移動を促し駐輪禁止を徹底します。

それでも、撤去しない場合は、警察に相談します。盗難届けが出ていないか確認のうえ、拾得物として届けます。遺失物法所定の保管期間3カ月を経過したら管理組合で自由に処分できます。

事例6 「駐車場が足りない。いつも同じ利用者では不公平だ」

訴え

「違法駐車を指摘されたが、そもそも駐車場が不足していることに問題がある。駐車場の利用者はいつも同じで、替わらないのは不公平ではないのか?」

(Fさん28歳男性)

お裁き

とりあえず、Fさんには違法駐車はやめてもらうことにしました。ただ、駐車場の利用について、区分所有者として要望を述べたのですから、検討する必要がありました。

現在の駐車場は、入居順に利用でき、空いたスペースは抽選によって決められています。

そこで、待機者の数と近隣の駐車場利用の実態を調べ、駐車場の利用を1~3年単位で交代する案について、住民にアンケートを実施しました。

その結果を受けて、理事会で改正案を検討し、総会に諮《はか》りました。

マンションの駐車場は、周囲よりやや高めの料金設定になっているので、あえて利用したいとは思わないなどの意見も出たりして紛糾しましたが、重要議案に必要な4分の3を超える賛成があったため、改正案は可決しました。

周囲の駐車場を管理組合で一括して借り上げ、マンションの駐車場の利用料と同額にし、2年に1度入れ替える案でまとまりました。

事例7

「非居住者の違法駐輪に困っています」

訴え

「駅に近いせいか、非居住者が1階のわが家の横に、自転車を置いて行きます。子どもが小さいので危険ですし、景観も悪くなります。理事会で対処してもらえませんか？」（Cさん32歳女性）

お裁き

まず、状況を調査しました。たしかに毎日、非居住者の自転車が何台も駐輪していました。そこで、周辺に「駐輪禁止」のポスターを貼り注意を促しました。

それでも、数台置かれる状況が続いたので、ここは駐輪スペースでないこと、違法駐輪になることを通知する「警告票」をハンドルに縛りつけました。

あらかた置かなくなりましたが、1台放置したままの自転車があったので、さらに警告し、期限を区切り、撤去しない場合はこちらで処分する旨を通知しました。

ところがある日、その自転車は自分のものだと言う人が現れましたが、その人は部外者ではなく、区分所有者の一人でした。

つい置きっぱなしのまま海外出張に行っていたとか。当人は平身低頭。さっそく移動してもらいました。

しばらく張り紙は続け、部外者への警告を続けたら、違法駐輪は収まりました。

規約違反・迷惑行為にズバリお裁き!!

法的措置は最後の手段と心得て

区分所有法では、居住者の共同利益に違反するような行為があった場合、管理組合は当該の区分所有者に対し「①**（迷惑な）行為の停止などの請求**」、「②**（専有部分の）使用の停止などの請求**」、「③**区分所有権の競売の請求**」、「④**引渡しの請求**」をすることが認められています。（78ページ参照）

しかし、こうした法的手段に訴えたら、費用もかかるうえ、お互いに住みづらくなるので、重大な事項でない限り話し合いで解決する方法を選びましょう。

注意されても規約違反や迷惑行為を続けるケースでは、周囲との感情のもつれや行き違いが原因のことが多いものです。

管理組合（理事会）側は決して感情的にならず、相手の話をよく聞き理解を示しながら説得することを心がけましょう。つまり、おとなの対応が解決の近道になるのです。お互いに冷静になれば、「迷惑行為を改善する」方向で話し合いが進む可能性が高まります。

コミュニケーションの向上が最良策

規約違反といっても、本人はそう感じていない場合もあります。管理規約に書かれた禁止事項であっても、読んでいない居住者も少なくありません。

規約違反が目についたら、掲示板などで、規約の周知を徹底させるのも1つの方法です。さらに迷惑行為は、日ごろのコミュニケーション不足が遠因のことが多いものです。行事などを通して、住民の交流を図るようにしましょう。

事例8 「お隣はベランダにプランターがいっぱい」

訴え

「お隣はベランダを花壇に見立て、足の踏み場もないほどプランターを並べています。こちらにも虫が来るし、避難するときも心配。ベランダは共用部分のはずでは?」(Yさん48歳女性)

お裁き

Yさんから隣のZさんに、直接注意してもらう内容ではないので、理事会で訪問しました。隣のYさんから申し出があったことは、今後の両家の関係もあるので伏せておきました。

Zさんの言い分は、花を飾ることで外観がよくなり、マンションの価値も上がるはずだというもの。感謝されこそすれ、注意されるなんて心外だと怒りました。

理事が突然現れたので驚いたせいか、Zさんは少し感情的になっていたようなので、日をあらためて伺いました。きれいな花ですが、ベランダは避難通路となるので、避難の妨げになるような大きなもの、重いものは置けないことを説明し、管理規約にも定めてあることを話しました。

さらに日をおいて訪問すると、ベランダはきれいに片づき、小さなプランターがいくつか並んでいるだけでした。これなら避難の妨げにはなりません。クレームを言ったYさんに事態が改善されたことを伝えました。

事例9

「ゴミ出しのルールを守らない居住者がいます……」

訴え

「好き勝手にゴミを出す住民がいます。だれかわかっています。1人が違反すると違反者が増えるので、理事会から注意していただけませんか?」（管理員64歳男性）

お裁き

ゴミ出しのルールを守らない居住者がいるのも困ったものです。出したゴミがルール違反のために収集されず、ずっと置かれたままになると悪臭やハエに悩まされることになります。

管理員の調べで、違反者は特定できるようですが、目撃証言だけでは説得できません。

といって、ゴミ置き場で「犯行」を待って取り押さえるといった行為は穏当ではありません。

その人には直接当たらず、まず掲示板でゴミ出しのマナーが乱れていることを指摘し、ルールの徹底周知を図りました。加えて、ゴミ置き場に案内板を設置しました。その時点で、違反者は「自分のことだ」と承知したようで、ゴミ出しのルールを守るようになりました。

さらに、守らないようなら、ゴミ出し時間以外はゴミ置き場のドアを施錠し、鍵を管理組合で管理したり、防犯カメラを設置する方法なども理事会で検討されました。

事例10

「玄関のドアの色を塗り替えてしまった」

訴え

「同じフロアのTさんが、リフォームで、玄関ドアの色を塗り替えました。ほかの家と不統一なのですが、放置していいのか、理事のみなさんのご意見を伺いたい」（理事Gさん29歳男性）

お裁き

管理規約に専有部分の範囲の規定があり、「玄関扉は、錠及び内部塗装部分以外は共用部分」ということがわかりました。

つまり、玄関扉の外側は共用部分なので、区分所有者が自分の判断で工事などを行ってはいけない場所です。そのことを日を置かず、Tさんに話し、塗装を原状に戻すように求めました。

管理規約はざっとしか読んだことがないというTさんは、専有部分と共用部分のルールの違いなど、まったく知りませんでした。自分勝手に外観を変えたら、マンションのイメージが損なわれ、資産価値に影響する。そのため、管理規約で禁じているのだ、という理由がわかったので、Tさんはすぐに納得してくれました。

管理規約をもとにTさんと話し合い、玄関ドアの塗装は元に戻すことを承知してくれました。

その後、Tさんの提案で「管理規約をよく知る勉強会」を開くことになり、良い結果で終わることができました。

事例11

「反社会的勢力の事務所を追い出したい」

訴え

「同じ階に反社会的な勢力の事務所が引っ越してきました。廊下で見かけるだけで不安になります。立ち退きを求められないでしょうか?」（Uさん52歳女性）

お裁き

理事会では、住民にどのような迷惑がかかっているのか、調査をしました。具体的には暴力団風の男たちの頻繁な出入りによる威圧、タバコのポイ捨てや廊下での大声、店屋物の器の出しっぱなし、ゴミ出しのルール無視などが調査の中でわかりました。理事が個人的に掛け合いに行っても危険なので、管理組合の意見をまとめて対処することにしました。

あわせて、管理会社に相談し、管理会社の顧問弁護士から「反社会的な勢力への対処は法律にのっとり、立ち退きを求めることができる」というアドバイスをいただきました。区分所有法の第6条「区分所有者は建物の保存に有害な行為その他建物の管理又は使用に関し区分所有者の利益に反する行為をしてはならない」という定めによって、区分所有者への訴訟や専有部分の使用禁止・引き渡しを請求できるとのことでした。臨時総会を招集し、区分所有者の4分の3以上の賛成を得たので、立ち退きを求めるよう前述の弁護士に依頼しました。法律に基づき相手に弁明機会を与えたあと、無事立ち退きが行われ平穏な日が戻りました。

事例12

「建設中の隣のマンションが接近しすぎ」

訴え

「隣にマンションができるようですが、工事の騒音に加え、壁が接近しすぎているようで心配です……」（Oさん48歳男性）

お裁き

工事の騒音と、建て方についてOさんを含めて複数の居住者から疑問や意見があり、理事会で話し合った結果、理事長である私と副理事長が、隣のビルの施工主を訪問しました。

訪問の主旨を伝えたところ、騒音については工事時間帯厳守の徹底、防音シートの敷設など最大限の対策をとることを約束してくれました。あわせて、建築中の建物はうちのマンションとかなり接近しているように思え、日照や通風について居住者から不安の声が上がっていると訴えました。

これについて施工主は建築基準法に則った建物であるため、工事の見直しなどはできないことを理解してほしいという回答でした。ただ、「新しくできるマンションの入居者とみなさんと仲良くしてもらわないといけない」という点も確かなので、隣に面する小窓には目隠しを付けるなど、こちらの居住者のプライバシーに配慮するという回答を得ました。うらのマンションの管理会社に問い合わせ、建築士などの意見を参考にしても、これ以上の要求は難しいと判断し、交渉の経緯を回覧しました。

事例13

「習慣の違う外国人が賃貸で入居してきた」

訴え

「外国人が賃貸の部屋に入居してきましたが、ゴミ出しのルールも守らず、夜遅く大勢が集まって迷惑です」（Iさん36歳女性）

お裁き

理事会で検討し、同じフロアの理事のKさんに外国人のQさんを訪ねてもらいました。幸い片言の日本語は話せるようで、ゴミ出しのルールについて説明してもらいました。Kさんの話では、ゴミ出しのルールは知らなかったとのことで、家主からの通り一遍の説明では理解していなかったようです。理事のJさんは外国人とわかっているのにきちんと説明しなかった家主に憤慨しましたが、夜遅く大勢の外国人が集まるという点も「ご近所には赤ちゃんもいるので、夜はなるべく静かにしてほしい」ということを英語を交えてていねいに説明すると、Qさんはとても恐縮していたとのことでした。

外国人だからと、はじめから迷惑と思うのはよくない、管理組合のルールをていねいに説明すれば、わかってもらえるとKさんは主張しました。あわせて、当該の住まいの家主である不動産屋には、今後部屋を貸すときは、相手の母国語に翻訳したパンフレットを渡すように申し入れました。

事例14

「1階の焼き肉店の煙・油・臭いが迷惑」

訴え

「1階に店舗のあるマンションでコンビニが焼き肉店に替わったところ、煙と臭いがひどく困っています」（Bさん70歳男性）

騒音については50デシベルを超えない基準値なので問題にする値ではないと考えられたので、Bさんには納得してもらいました。

お裁き

Bさんの家は焼き肉店の真上の2階なので、当然被害が一番大きいようです。Bさん以外にも、煙と臭いの両方あるいはどちらかの訴えをする居住者が複数いました。とくに夕方から夜中にかけて、煙と臭いそれにお客たちの騒ぐ声がBさんたちを困らせていました。理事会で決議し、理事長である私と副理事長が焼き肉店と話し合うことにしました。

賃貸とはいえ焼き肉店もマンションの住人の1人なので、できるだけ穏便に進めたいというのが理事たちのホンネでした。いろいろ調べるとマンションの壁などの工事をしなくても煙と臭いの処理ができるダクトがあるようです。ただ、費用がかかることもあり、すぐに変更することはできないという回答した。そこで、Bさんたちも含め協議し2年以内に工事を行うという約束を交わしました。

管理費滞納問題にズバリお裁き!!

管理費の滞納は深刻なトラブル

管理費や修繕積立金の滞納額が大きくなると、マンションの維持管理に支障を来たします。避けなければいけないトラブルですが、景気の低迷が続くなか失業や事業の失敗により、滞納の件数は増加傾向にあります。

管理組合としての主な防止策は2つ。「①管理規約で督促方法を明記する」と「②すみやかに督促などの対処をする」ことです。

①管理規約などで明記

管理規約や使用細則に、滞納した場合の次のようなペナルティ（例）を課す項目を入れます。

・駐車場使用契約を解除する
・遅延損害金（例：年率13～14％）を設定する

②すみやかに対処する

支払いが遅れたら文書で督促し、さらに遅れたら事情を調査するなど、すみやかに対処することで事態の悪化を防ぎます。

初期段階は管理会社が督促を行う

管理会社との管理委託契約にもよりますが、一般的には管理費の徴収・督促は事務管理業務に含まれるので、管理会社に督促を依頼します。管理組合の理事といっても区分所有者の一員なので、個別に督促したりするのは避けたいものです。

3カ月くらいまでは、通常の督促状を送り、回答がない場合は電話をかけたりして、催促を続けます。

その後は理事会での判断ですが、管理組合理事長名で内容証明郵便による督促状を送ります。内容証明郵便は督促した記録を

公的に残せるメリットがあります。
　それでも滞納者から回答がない場合は、理事が管理会社の担当者に同行を願い、面談のうえ今後の対処を打ち合わせる方法があります。（管理会社が電話などによって事情を把握している場合は、面談を省いてもいい）
　この時点で、「①支払う意志がない」「②住み続けたいが支払えない」「③行方がわからない」など、支払える可能性が低い場合は、法的な措置を講じる必要があります。

法的措置は理事会の判断で行うことができる

　法的な措置は管理者（理事長）が主体となって行います。実際には弁護士などのアドバイスが必要になりますが、管理会社に紹介してもらったり、管理会社の弁護士に依頼するケースが多いようです。

　依頼できる内容や費用については、あらかじめ管理委託契約で決めておきましょう。

　法的措置は、管理規約にあれば総会に諮《はか》ることなく理事会の判断で行えるので、すみやかに対処することが可能です。

　また、滞納した管理費は、年利○%と定めた管理規約に従い遅延賠償金を請求することができます。さらに、弁護士や督促にかかった費用も請求できます。

●滞納の期間状況（重複回答）

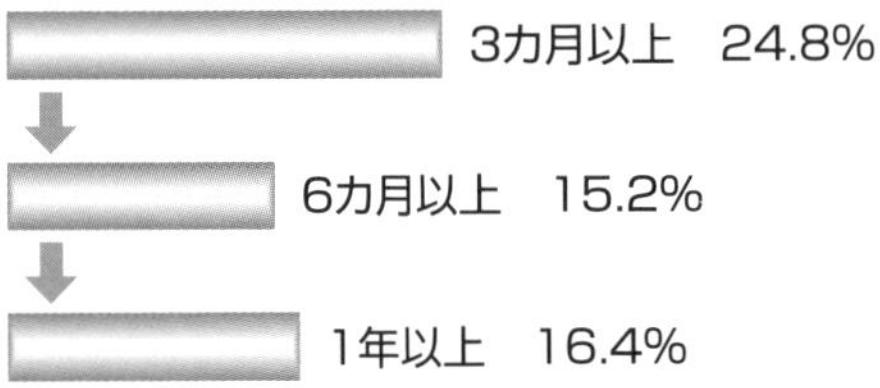

※「3カ月以上」という短い期間の滞納者も多いが、1年以上の深刻な滞納者も5年前より増えている

●滞納者への措置（重複回答）

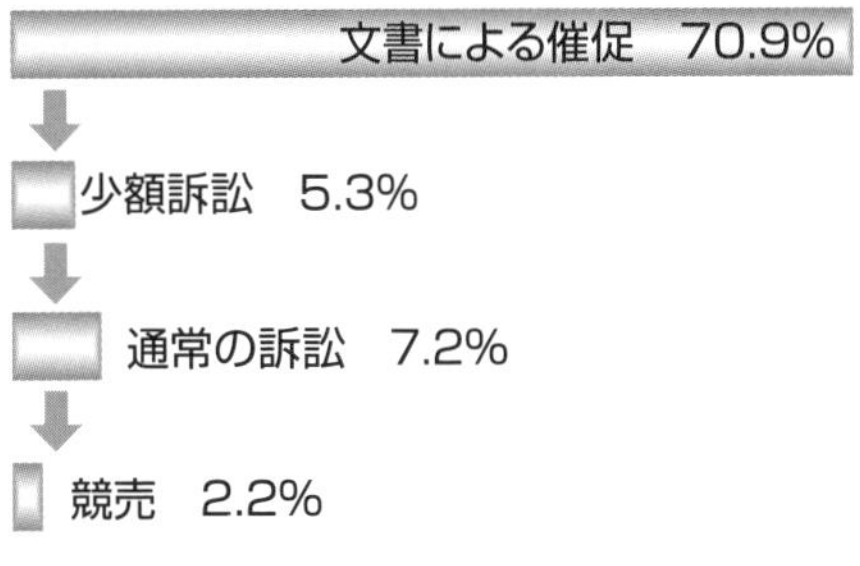

※第一段階の通常の文書や内容証明などによる督促が決め手になることがわかる。解決しない場合は法的手段に訴える

国土交通省「平成30年度マンション総合調査」による

管理費滞納の解決プロセス

①文書による督促

理事会に滞納の状況報告 → 支払いに応じない

②電話や訪問による督促

・事情があり支払えない → 理事会で検討・分割での支払いなどを検討

・支払いに応じない
・連絡がとれない
→ 理事会で検討・さらなる督促を行う

③内容証明郵便による督促

・支払わない → 理事会で検討・法的措置をとる

④支払い督促の申し立て

簡易裁判所に支払い督促の申し立てをする。書類審査が行われ認められれば、裁判所から相手に支払い督促を送ってくれる

⑤裁判所に訴える

・**少額訴訟**

滞納額が60万円以下なら、簡単な手続きで、費用も安いうえ1日に結審する少額訴訟が有効

・**通常訴訟**

訴額の上限がなく、行方がわからない相手にもにもできる。140万円未満は簡易裁判所、それ以上は地方裁判所

⑥強制執行・競売請求

裁判所が滞納者の財産を差し押えてお金に換え、債権者に債権を回収させる手続き

事例15 「管理費を支払いたいのですが、失業中で無理なのです」

訴え

「管理費を滞納していて申し訳ないのですが、昨年失業して生活がぎりぎりです。就職できたら払いますので、それまで、待ってください」（Nさん48歳男性）

お裁き

Nさんは前年度の理事を務めた方で、管理組合の活動にも積極的に参加する方でした。それだけに、滞納の事実には驚かされました。

もちろん理事は管理組合の利益を最優先する立場なので、個人的な同情は禁物です。

それでもNさんの場合は、これまで1度も管理費を滞納したことがなく、滞納の理由もはっきりしていました。

理事会で検討しましたが、滞納は一時的な事情によるものなので、いきなり法的な措置をとるのは不穏当だろうという意見が大半でした。

分割で支払う方法や、一時猶予して一括に支払う方法を提示しました。滞納した分は、管理規約にある年率で遅延賠償金を上乗せすることを話し納得してもらいました。

金銭に関することなので公正証書にし、法的な裏づけをとり、その費用はNさんに負担してもらいました。

不公平の声にズバリお裁き!!

トラブルの原因になりやすい「不公平感」

マンションの居住者は、管理組合の活動に関して、みな同等の義務と権利をもちます。

そこで、義務を果たしていない居住者や、同等以上の権利を主張する居住者に不満を抱くのがふつうです。

例えば、管理組合の活動に積極的に参加する居住者は、理事などの役員を引き受けない消極派の組合員に対し、「なんでも他人任せで無責任」と不満を持ちます。

逆に、積極的なグループに対して消極派の居住者は「なんでも自分たちで決めて、組合活動を私物化しているのでは?」と疑念を抱きます。

こうした不公平感が温床となると、小さなトラブルが大きなトラブルに膨らむことがあります。まず、居住者間に不公平感が生まれないように、公正な管理運営を心がけましょう。

役員不足が深刻な問題になっている

居住者間で、最も不公平感が生じるのは、役員を引き受けない人がいることです。

なかには、引き受けたくても高齢や病気のために引き受けられない人もいるでしょう。そうした特例を除いて、例外を作らないのが原則です。だからといって、無理やり押しつけると、名前だけの「幽霊理事」が誕生しやすくなります。

事情がある場合は、どんな事情かを聞き、「引き受けるにはどうしたらいいか」いっしょに考える姿勢を示すと、拒否する人が少なくなります。

事例16 「賃貸の人が役員をやらないのは不公平」

訴え

「理事は理事会の出席や行事の準備など、かなりの負担があります。賃貸の人にその分、金銭的な負担をしてもらえないのでしょうか?」（Rさん33歳女性）

お裁き

最近、Rさんと同じような考えをもつ管理組合が裁判を起こし、判決が下されました。

その結果は、「不在所有者に対し、役員になる義務を免れて組合活動に貢献していない。その分、管理組合が金銭的な協力を求めるのは有効」というものです。つまり、Rさんの言い分はもっともだということです。ただ、実際に不在所有者に対して協力金を求めているマンションはまだ少ないようです。

役員のなり手不足は深刻で、資格要件についてさまざまな緩和策が検討されています。2011年7月に改正されたマンション標準管理規約でも、それ以前は理事や監事になれるのは居住する組合員だけでしたが、住んでいない組合員でもなれるように資格要件が緩和されました。

当マンションでも賃貸の状況などを調査しながら、賃貸住宅が増えたせいで、区分所有者に役員などの負担が大きくなるようなら、不在所有者へ協力金を求めていく必要が出てくるでしょう。

事例17 「マンションの組合員に工事を発注していい？」

訴え

「居住者に建築関係の方がいて心強いのですが、その方の会社に発注することが多くなっています。不正とは思いませんが……」（Jさん62歳女性）

お裁き

昨年の理事を務めたOさんのことだと思います。

大規模修繕工事などでは、管理組合側に専門家がいると大いに役立ちます。Oさんは専門委員も務め、大規模修繕工事に目配りをしてきました。関係した工事がいくつか続きましたが、専門家であるOさんから見ると見積もり金額が高いようでした。

Oさんの紹介でB社に見積もりを依頼すると、だいぶ安い金額でした。1回お願いしてみると仕事もていねいで、工事担当者の対応もよかったようです。

そんな実績があり、B社にも見積もりに参加させ、いくつか発注しました。ただ、Oさんとの慣れ合いで発注した事実はなく、毎回数社に見積書の提出を依頼し、比較検討を厳正に行い判断しています。Oさんは紹介した手前、B社が参加した業者選定には発言しないなどのけじめをつけていたようでした。

Oさんはそのあと理事を退き、専門委員も交代したので、現在はまったく業者選定にタッチしていません。

事例18「理事を引き受けない人がいます」

訴え

「フロアごとに理事1名を出すルールですが、わたしのフロアでは拒否する居住者がいて、順番が早く回ります。納得できません」（Wさん34歳男性）

お裁き

国土交通省のアンケートでは、マンションの役員の任期は「1年」が57％と最も多く、選任方法は「順番に選ばれる」が75％と最も多く、公平さをポイントに、毎年違う理事が順番に選ばれるマンションが一般的なようです。

管理組合員である以上、順番などによって役員を務めるのは義務です。居住者はだれでも、そのことを承知していますが、「独身である」「子どもが小さい」「高齢である」「仕事の都合で理事会に出席できない」などの理由で、役員になるのを渋る人も少なくありません。

引き受けないのは「ずるい」、「不公平」という、ほかの居住者の不満からトラブルになりがちです。

事情があって「来年はできない」ということであれば、「再来年なら受けられるのか？」

仕事の都合で平日の理事会に出席できないなら、「開催を休日に変更することも検討できる」など、引き受けられない事情を消していくと、相手も拒否しづらくなります。

ただ、要介護の高齢者など、役員を引き受けるのが困難な居住者も、今後出てくると予想されます。

そのような状況になったら、例えばフロアごとに役員を選出しているようなマンションで、10年に1回順番が来るフロアと、3年に1回のフロアがあるようなら、役員の出し方を変更する必要があるかもしれません。

事例19 「管理人さんを交替させる意見に反対です」

訴え

「理事会の議事録を読んだところ管理員の交替を希望する意見が複数ありました。管理員のAさんは子どもにやさしい良い人です。私は反対です」（Tさん30歳女性）

お裁き

管理員のAさんは高齢なためやや聴力が衰え、呼びかけても返事がなかったりして、居住者から不安の声が上がりました。ゴミ置き場の清掃も以前より汚れが残っているなどのクレームがありました。いっぽうで、学校から帰ってくる子どもたちに声をかけてくれるなど、温厚な人柄はよく知られ親たちからの評判は上々です。

管理業務に支障が出るようであれば、管理会社に交替を申し出るのが理事会の役目です。しかし、Tさんのように人柄を慕う人がいるのも事実です。

理事会としてはまず管理会社にAさんの業務の遂行状況を正確に把握してもらい、支障が出ているようなら別の管理員に交替してもらうことにしました。

管理会社ではAさんとの面接調査を行い、まだ仕事を続ける意欲があること、補聴器を使用することで日常業務に支障が出ないようにすること、指摘を受けたゴミ置き場の清掃はもちろん、廊下や植栽などの手入れも、もう1度初心にかえって取り組むので続けさせてほしいというAさんの意思を確認し、こちらに伝えてきました。

理事会としては居住者のTさんからの申し出もあることから、もう少し様子を見て、再度クレームが出るようなら、あらためて管理会社に交代の要請をすることにしました。

事例20

「なり手がないなら役員報酬を出したらどうか？」

訴え

「理事のなり手が少なく、私は5年間で3回も引き受けています。役員報酬を出したら、もっと引き受け手が現れるのでは？」（理事Mさん42歳男性）

お裁き

国土交通省の「マンション総合調査（平成30年度）」では、「役員報酬を払っていない」73・3％で、「役員全員に支払っている」が23・1％となっています。

マンションの傾向をみると、完成年次が新しく、総戸数の規模が小さいほど「役員報酬を支払わない」傾向にあります。各役員一律の場合の報酬額平均は3，900円（月額）、一律でない場合は理事長が9，500円（月額）、理事が3，900円（月額）という調査結果になっています。この結果を見ると役員報酬を払っているマンションは2割程度あるようです。

わたしたちが住むマンションは築15年で75戸と平均的なところなので、役員報酬があっても不思議ではない規模のようです。

Mさんの提案も理事会を活性化させるために前向きな発言なので、Mさんを中心に改革案をまとめてもらい、区分所有者へのアンケートを実施しました。その結果を見て総会に諮ることで理事の意見はまとまりました。

アンケート結果は「理事報酬は反対」が8割近くを占めたので、総会に諮るのは見送りました。しかし、あらためて、順番が来ても役員を引き受けない人が多いことを回覧で訴え、居住者への啓蒙を行いました。その効果があったようで、翌年度の役員の選任はすんなり決まり、結果的に役員報酬の提案がよかったと胸をなで下ろしました。

助け合いを促すお裁き

居住者間の活発な交流が最良のトラブル予防法

　迷惑行為や不公平感からの不満など、マンション内でのトラブルの多くは、居住者間のコミュニケーションが良好なら未然に防げることが多いものです。トラブルの最良の予防法は、居住者の交流を活発にすることです。そのためには、日ごろからの広報活動や年間行事の充実が大切になります。

　また、年齢が近い居住者同士は親しくなりやすいので、子ども会の保護者間や高齢者同士の交流を促すのも有効です。

「ひと声かける」住民同士の雰囲気づくりを

　マンションの住民の高齢化問題に関係深いテーマは、このあとの項の「高齢者が住みやすくするためのお裁き!!（２１６ページ～）」で取り上げますが、増えている高齢者に対し管理組合はどのようなサポートができるか差し迫ったテーマとなっています。

　高齢者に多い転倒事故の予防対策としては、共用部分の段差解消や手すりの設置などのバリアフリー化を図るのも有効です。また、車いすを利用する高齢者も増えるでしょうから、ドアの開閉の速度を遅くできるエレベーター工事などを考えてもいいでしょう。

　助け合いの面では、個人情報に配慮しながらも、ひとり暮らしや高齢夫婦のふたり暮らしの世帯の変化に、日ごろから注意しておきたいところです。日ごろから管理組合全体で、顔を合わせればひと声かけるなど、高齢者の安否を気づかう雰囲気づくりを心がけていけば安心です。

事例21 「ひとり暮らしの高齢者が心配」

訴え

「築30年のこのマンションでは、住民の高齢化が進んでいます。ひとり暮らしのお年寄りもいて、管理組合で手助けできることはないでしょうか?」（ある理事からの提案）

お裁き

理事会で話し合ったところ、全員が何か役立つことをしたいということでした。ひとり暮らしのお年寄りは4人いらっしゃいました。

日常生活で困ることを伺うと、蛍光灯を取り換えたり、家具の配置を換えたりしたいときだそうです。

電気店などに依頼できないような小さなことに困っていることがわかりました。

そこで、小さな困り事をサポートするチームを結成することにし、ボランティアを募りました。中学生の応募まであり、人員は十分でした。

さっそくひとり暮らしのお年寄りに、「困ったら、声をかけてほしい」と伝えました。

「小さなサポート運動」としてスタート。

無料にすると、利用者に精神的な負担をかけることになるので、わずかな料金を取り、管理組合の雑収入にすることにしました。

事例22 「マンションの周辺に不審者が現れる」

訴え

「子どもにわいせつな言葉をかける不審者が近辺に現れると、警察から連絡がありました。当管理組合でも対策を考えたほうがいいのでは?」（ある理事からの提案）

お裁き

まず、掲示板で不審者が出没することを警告しました。

警察に行き、今後どのような対策を実施したらいいか相談をしました。

防犯委員の理事と話を伺い、いくつかの対策を理事会に諮《はか》りました。

「夜間の1人歩きを極力控えること」「外出先と帰宅予定時間をはっきりさせて外出すること」など、警察から聞いた注意事項をチラシにして、全戸に配布しました。

あわせて、警察や地域の町内会と協力し合い、これまで不審者が出没している夕方から夜にかけての時間帯にパトロールを実施することにしました。

そんなある日、女の子に声をかけている若い男が目撃され、取り押さえられました。近くの交番からかけつけた警察官に引き渡されましたが、どうやらその人物が不審者だったようで、それ以降は不審者の姿は現れていません。

事例23

「地域に盗難が増えた」

訴え

「隣のマンションで空き巣の被害があったようです。町内会で聞くと、一戸建てでも被害があったとのこと。どのような対策が必要でしょうか？」（ある理事からの提案）

お裁き

空き巣の被害は、コミュニケーションの少ないマンションで多く、交流がひんぱんなマンションは少ないと言われます。

自然にあいさつが交わされるマンションでは、不審者がすぐにわかるので、泥棒も避けると言われています。

直接的な対策ではありませんが、顔見知りを見たらあいさつすることが盗難予防に役立つことを掲示板で案内しました。これをきっかけに、当マンションであいさつが増えれば、一挙両得です。

防犯については防犯カメラの設置が考えられます。

鍵はダブルロックが安心ですが、ドアは共用部分なのでドアを改良するとなると、個人的に行う場合でも総会の決議が必要です。防犯上必要であると区分所有者が判断するようなら、全戸のダブルロックへの改良も検討する必要があるでしょう。

まず、防犯についての意識をアンケートで調べ、ダブルロックを希望する居住者が多いようなら、総会に上程しましょう。

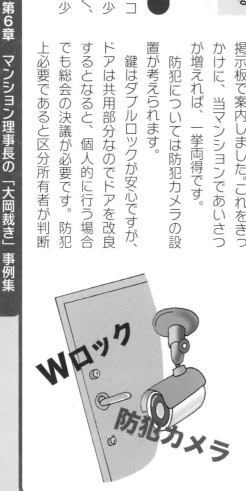

事例24

「ひとり暮らしのお隣さんが認知症のようです」

訴え

「お隣のおばあちゃんは、おじいちゃんが亡くなってからひとり暮らし。最近、認知症かと思われる症状が見られ、火の始末などが心配です」（Jさん62歳女性）

お裁き

Jさんに確かめると、86歳になるお隣のFさんは、最近マンション内の階段で転びそうになったり、自分がどこにいるかわからない様子だったり、心配です。事故などももちろん心配ですが、一番気がかりなのは失火です。そこで、緊急連絡先の娘さんに連絡し、理事長である私と地域の民生委員のYさん、Fさんと娘さんの4人で相談しました。娘さんはあらためて母親の状態を認識したようでした。民生委員のYさんのすすめで、介護保険を申請し認定を受けたうえで、マンションでのひとり暮らしを続けることにしました。

訪問介護や通所介護を利用し人の出入りを頻繁にすることで、事故を予防するなどの対策を講じました。あわせて、火を使わない調理器や暖房器具に換えて、火災を予防しました。

今後は、Fさんのような方が増えることを想定し、管理組合でも、できるだけ住民の要介護度などを把握し、行政や介護事業者などと連携しひとり暮らしの高齢者の安全を確保していかなければならないと痛感しました。

事例25

「訪問介護の車が客用駐車スペースに停めて迷惑」

訴え

「要介護者の居住者が増え、訪問介護などの車が来客用の駐車スペースを占用しています。正直迷惑なのですが……」（匿名の投書）

お裁き

当マンションは築30年。高齢化が進み訪問介護や通所介護の車の行き来が目立つようになりました。ただ、マンションの来客用駐車スペースは2台分。時間によって不足することもあります。といって、訪問介護のスタッフに停めるなとも言えません。

理事会で話し合ったとき、理事の間から自分は通勤に使っているので昼間、使ってもらっていいという申し出がありました。同様の協力を掲示板で呼びかけると昼間3台分のスペースが確保できました。夜間については、来客用がふさがることは少ないので来客用スペースの2台で十分です。

昼間使える3台分を確保したところで、これらのスペースを利用するときのルールを作成しました。ルールといってもポイントは2つ。1つは「来客用・協力分とも出向く部屋の番号を書いた札を車内の見える場所に置くこと」、2つ目は「②居住者協力分の3台に駐車する車は事前に登録すること」というルールです。これらを居住者が利用している各介護事業者に通達し、協力を仰ぎました。

これ以降は訪問介護の車で来客用がふさがることはなくなりました。

高齢者が住みやすくするためのお裁き!!

マンションの住民の高齢化が進んでいる

国土交通省のマンション総合調査を見ると、ここ5年間で70歳代以上の世帯主が18・9%から22・2%と増えているいっぽう、30歳代以下が7・8%から7・1%と減少しています。

また、下の表にあるとおり、60歳代以上の世帯主の家庭が全体の50%近くになっています。この数字からも、徐々にではありますが、住民の高齢化が進んでいることがわかります。

さらにこの調査は、新築も含めた調査ですから、築30年・40年と経過したマンションではいっそう高齢化が進み、役員のなり手が減るなど、深刻な問題が起こっているようです。

高齢者が快適に暮らせるような新しい工夫を

高齢者が安心して快適に暮らせるようにするには、「助け合いを促すお裁き（210ページ〜）」にある助け合い精神が基本ですが、住民の高齢化によって、これまでにないトラブルも起こり始めているようです。いっぽうで、マンションの高齢化を意識し、それに負けない工夫をしている管理組合もあるようです。ここでは、そうした工夫の事例から紹介します。

●世帯主の年齢

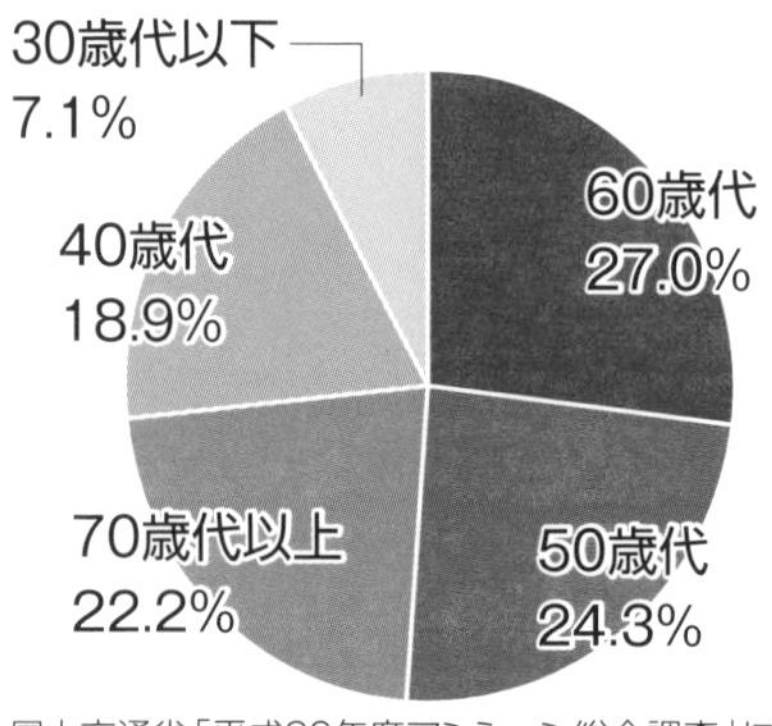

国土交通省「平成30年度マンション総合調査」による

事例26 「管理組合主催の介護保険の勉強会が大人気だった!!」

訴え

「介護は身近な問題。同じフロアのDさんも要介護。ケアマネジャーと立ち話をしたら、介護保険の勉強会をしたらどうかと言われました。管理組合で主催していただけないでしょうか?」(68歳女性)

お裁き

理事会で各フロアの理事に尋ねたところ、訪問介護を受けたり、通所介護を利用したりしている住民が意外に多いことがわかりました。考えてみたら、このマンションは築40年、新築時に30歳で入居した方でも70歳になります。

現在、介護保険を利用していたり、近々お世話になりそうな住民も少なくないでしょう。介護保険のあらましを知っておくことは高齢化に対応するよい方法と思われます。

そこで理事会にはかり、Uさんに勉強会を提案してくれたという近くの居宅支援事業者のケアマネジャーに連絡を取り、Uさんにも同席いただいて打ち合わせを行いました。基本的な説明は1回、必要なら事例を交えた応用編を紹介していただけるということでした。

勉強会の開催が決まり、掲示板と回覧で案内したところ、高齢の方だけでなく実家の親の介護に直面している40代の方も出席するなど、集会室はあふれんばかりの人でした。

事例27

「月1回のお茶飲み会が高齢者の交流に役立った」

訴え

「昔から住んでいる人だけでなく、最近、ふたりだけになりマンションに転居してくる高齢夫婦も多いようです。顔を合わせてもあいさつしづらい。月1回でもお茶飲み会で交流が図れたら……」（Yさん72歳女性）

お裁き

Yさんのご提案のとおり、管理組合に親睦の場を設けることについて、理事会で相談しました。Yさんにも出席いただき、設置の方向で企画を出し合いましたが、とくに総会に諮る重要度でもないので、理事会で決定しました。

第2週の土曜日に夜、それぞれがお菓子などを持ち込んでのお茶会という形式でスタートしました。何度か開催するうちに、参加者の関心の強いテーマが自然に定まってきました。政治や宗教の話題は避け、近くの温泉の話や植物、料理、スポーツから、年金や医療保険など、詳しい人がリードしながら、雑談ふうに進行しました。その中でも、マンション内で最近、気になる出来事なども話し合われ、切実な問題は理事会への提言という形で、意見が反映されることが多くなりました。毎回、掲示板で参加者を募集した効果もあって、新しく転居された方も交流を望み、自己紹介などを通して、会えばあいさつを欠かさない「お隣さん」になれたようでした。

事例28 「ひとり暮らしの高齢者は蛍光灯が換えられない」

訴え

「お隣に住むおばあちゃんは、ひとり暮らし。回覧板を届けたら、部屋が暗い。聞いたら蛍光灯を交換できないとのこと。すぐに交換したのですが、いつもわたしに頼むのも気が引けるでしょう。だれかに頼めるしくみはないでしょうか?」(Xさん58歳男性)

お裁き

Xさんのご意見を理事会で検討しました。近所の電器屋さんに打診したところ、電話をくれれば、すぐに対応するとのこと。出張サービス費も妥当な金額でした。ただ、トラブルは電気関係だけではありません。水回りのトラブルやガラスの破損、鍵のトラブルなど、高齢者では対処しにくいものもあり、電器屋さんには依頼できないこともあります。

そこで、管理会社に相談すると、高齢者が増えている築年数の多いマンションを対象に、住まいのトラブルを解決するサービスをスタートしたところだということでした。管理組合との年間契約で、蛍光灯の交換や水漏れなど、高齢者には厄介なトラブルをサービススタッフが出張し解決するというものです。管理組合で契約すれば材料費は必要ですが、出張費は1家庭で年間3回まで無料とのことでした。理事会で、話し合った結果、資料を取り寄せて次の定期総会までに契約する議案をまとめることにしました。

事例29

「訃報の掲示についての新しいルールを」

訴え

「同じフロアのBさんが亡くなりましたが、奥さまから訃報を掲示しないでと依頼されました。今後も同様の希望があると思います。訃報についてどのようなルールにしたらいいでしょうか?」（理事Nさん36歳男性）

お裁き

少し前まで、亡くなった方のお知らせは掲示板で案内し、縁のあった居住者は通夜・葬儀に参列したり後日、弔問に行ったりするのが一般的でしたが、個人情報の保持が優先されるようになった昨今、Bさんのようにプライバシーは護りたいと考える人が現れたのも必然でしょう。家族葬が一般的になるなど、日本人の葬儀への考え方も大きく変わりつつあるのも事実です。

ただ理事会での話ですが、顔見知りの方が亡くなったのも知らないと、もしものとき、安否確認ができず、防犯・防災の面でも不備が出てくるのでないかという意見もありました。そこで、訃報の掲示を望む方はこれまでどおり掲示し、死亡の事実だけを理事長に届け、訃報の掲示を望まない場合は「望まないことを意思表示する」というルールをつくることにしました。強制ではありませんが、防犯・防災に役立つので、亡くなったことだけでも連絡してくれるようにしました。

事例30

「廊下にシルバーカーを停める人がいて困った」

訴え

「女性のGさんはシルバーカーを利用していますが、部屋の中に入れられず廊下に停めています。運転に時間がかかりエレベーターをしばらく専用することもあり、クレームがでています」
（理事Tさん64歳男性）

お裁き

Gさんに事情を聞くと、足腰が弱りシルバーカーに乗らないと買い物にも行けないとのことでした。

廊下に停めるのは消防法違反になるのでやめてほしいと話しても、「では、どこに置いたらいいか考えて欲しい」と逆にねじ込まれました。

住民の中には、自分でルールを破っておいて図々しいという人もいましたが、シルバーカーがないと不自由だというので、なんとか方法はないか検討しました。現在、シルバーカーなり電動車いすを利用しているのはGさんひとりですが、今後増えるかもしれないので、マンション全体のことと捉え、シルバーカーの駐車場を新設したらどうかと考えました。場所を探すと、幸い1階のエレベーター横に3台程度置けるスペースがあり、そこに新設する案を総会に上程したところ無事に可決されました。高齢化問題は他人事ではないので、区分所有者の理解が求めやすかったのでしょう。

家庭で行う災害への備え

マンションの管理組合として災害への備えは大切ですが、その前に家庭で行う備えが出発点です。無事に避難するために日ごろから次のように対策をとっておくと安心です。

①家族会議をする

・家族の安否確認の方法を決めておく
・地域の避難場所を確認する
・非常持ち出し品の場所を確認する

②非常持ち出し品や備蓄品を備える

・めやすとして最低3日間程度の水と食料品の備蓄
・備蓄品の賞味期限の定期的なチェック
・非常持ち出し品は持ち出しやすい場所に保管

③火災を防ぐ

・コンロなどの近くに引火しやすいものは置かない
・消火器の備えと使い方の理解

④家具や家電製品の転倒・落下防止

・タンスや棚はL字金具で固定
・引き出しや観音開きの扉はストッパーを
・ガラスに飛散防止フィルムを貼る

⑤家具の配置の工夫

・寝室や子ども部屋の出入口付近には背の高い家具は置かない
・就寝位置を家具から離したり転倒被害にあいにくい位置にする
・重量のある家電製品はできるだけ低い位置に置く
・高い位置に物を置かない

第7章

マンションの防災マニュアル

●災害に備えて、いま管理組合が行うこと

災害に備える

地震保険を検討しよう

地震保険を検討する管理組合が増えている

これまでは、支払われる保険金額に制限がある割に保険料が高すぎるなどの理由で敬遠されていた地震保険ですが、東日本大震災以降、管理組合でも共用部分を対象にした地震保険の契約を検討するマンションが増えています。専有部分は個々で契約しますが、共用部分は管理組合で一括して契約するのが一般的なので、理事会で検討するケースが多くなっています。

地震保険の特徴をよく理解したうえで契約する

地震保険は、地震、噴火、これらに起因する津波または間接の原因として火災・損壊・埋没・流出などの被害を被った建物、家財に対して保険金が支払われるものです。地震保険は天災に対する補償という意味合いから、左のページにあるように一定以上の被害があった場合、政府が補償する一種の公的制度になっています。大きな被害を想定しているので、全損の被害の補償でも、建物の復旧に使えるというよりも、被害者の生活安定を目的としています。そのため設定できる補償額は火災保険の30～50％という制限があります。保険料の料率は鉄骨・コンクリート造か木造かの2区分と、危険度に応じた都道府県別の区分で決まります。

管理組合として契約するのは共用部分となりますが、専有部分は契約外であること、補償の対象はコンクリート躯体部分など主要構造部だけであることなどを区分所有者に説明したうえで契約することが大切です。

●マンションの地震保険●

地震保険のポイント

①地震保険は火災保険とセットで、単独加入はできない

②共用部分は管理組合が一括契約し、専有部分は区分所有者が個々に契約するのが一般的

③建物、家財ごとに火災保険の保険金額の30～50%に相当する金額の範囲内で保険金額を定める（共用部分に5億円の火災保険を掛けていたら、1億5000万～2億5000万円の補償の範囲で地震保険が掛けられる）

④地震保険は民間損保が引き受けている保険契約を政府が再保険している

⑤地震が原因で火災が発生しても火災保険では補償されない

⑥1回の地震での保険の総支払いの上限は11.7兆円で、この金額を超える場合には、算出された支払保険金総額に対する11.7兆円の割合によって削減されることがある（適時見直されている）

地震保険の建物損害に支払われる保険金

建物の損害の程度		支払保険金
全損	・基礎・柱・屋根などの損害額が建物の時価の50%以上 ・焼失・流失した部分の床面積が建物の延床面積の70%以上	地震保険金額の100%（時価が限度）
大半損	・基礎・柱・屋根などの損害額が建物の時価の40%以上50%未満 ・焼失・流失した部分の床面積が建物の延床面積の50%以上70%未満	地震保険金額の60%（時価の60%が限度）
小半損	・基礎・柱・屋根などの損害額が建物の時価の20%以上40%未満 ・焼失・流失した部分の床面積が建物の延床面積の20%以上50%未満	地震保険金額の30%（時価の30%が限度）
一部損	・基礎・柱・屋根などの損害額が建物の時価の3%以上20%未満 ・全損・大半損・小半損に至らない建物が床上浸水（または地盤面から45cmを超える浸水）	保険金額の5%（時価の5%が限度）

※家財に対しても同様な区分あり
※主要構造部とは構造耐力上主要な部分のこと（基礎、柱、小屋組、壁、土台、屋根など）

第7章　マンションの防災マニュアル

災害に備える

水害に備える保険を検討しよう

火災保険には専有部分と共用部分を補償するものがある

建物や家財の損害リスクに備える保険には火災保険がありますが、マンションの場合、専有部分に入る保険と共用部分に入る保険は違います。専有部分は区分所有者個人で加入し、共用部分は管理組合が加入します。専有部分に関しては、住宅ローンを利用して購入する場合ほとんどの金融機関が火災保険の加入を義務づけているので、加入している区分所有者は多いでしょう。共用部分についても、火災保険に加入したうえで地震保険もセットで契約するという管理組合が一般的になっています。

「水災補償特約」の検討を

ここで気になるのは、最近、増えている集中豪雨による水害です。床上浸水などによる損害については、火災保険の基本プランでは補償されません。これまでは、マンションの水害が想定しにくいことから、加入する管理組合は少なかったのですが、タワーマンションの浸水被害などの報道もあり、「水災補償特約」の加入を検討する管理組合が増えています。

では、どんなマンションが「水災補償」の特約をつけたらいいか？　これまで、洪水のなかったところも、近年増えている集中豪雨を見ると決して安全ではありません。そこで検討に役立つのが国土交通省で発表している、自然災害などの予測範囲を示した「ハザードマップ（災害予想地図）」です。危険範囲に入っていたら「水災補償特約」を検討しましょう。

● 共用部分の火災保険の損害補償（例） ●

●基本補償

・火災／落雷
・風災／雪災、雹《ひょう》
・外部からの物体の落下や衝突
・給排水設備の事故による水ぬれ（オプション扱いもあり）
・騒擾《そうじょう》・集団行動に伴う暴力行為など
・盗難による損傷・汚染

●地震保険

地震による火災、損壊、流出などの損害は火災保険からは対象にならない。火災保険に地震保険をセットにして加入する必要がある。

●水災補償特約

台風、暴風雨、豪雨などによる洪水、融雪洪水、高潮、土砂崩れ、落石などによるマンション共用部分の損害を補償。

水災の3条件

水災は下記の3つの条件のうちいずれかを満たしている場合のみ認められます。

①保険の対象である建物共用部分に建物評価額30％以上の損害を被った場合。
②床上浸水している。
③地盤より45cmを超える浸水があった。

※基本補償や特約の補償範囲は商品によって違います。

● ハザードマップの確認を ●

マンションが建つ市区町村のハザードマップを確認し、浸水の可能性のある地域に入っていたら、管理組合では「水災補償特約」を検討しましょう。ただし、近年の集中豪雨では河川の近くでなくても浸水の可能性があるので、過去の被害も検討の材料にしましょう。

「ハザードマップポータルサイト」（https://disaportal.gsi.go.jp/）

●ハザードマップの例

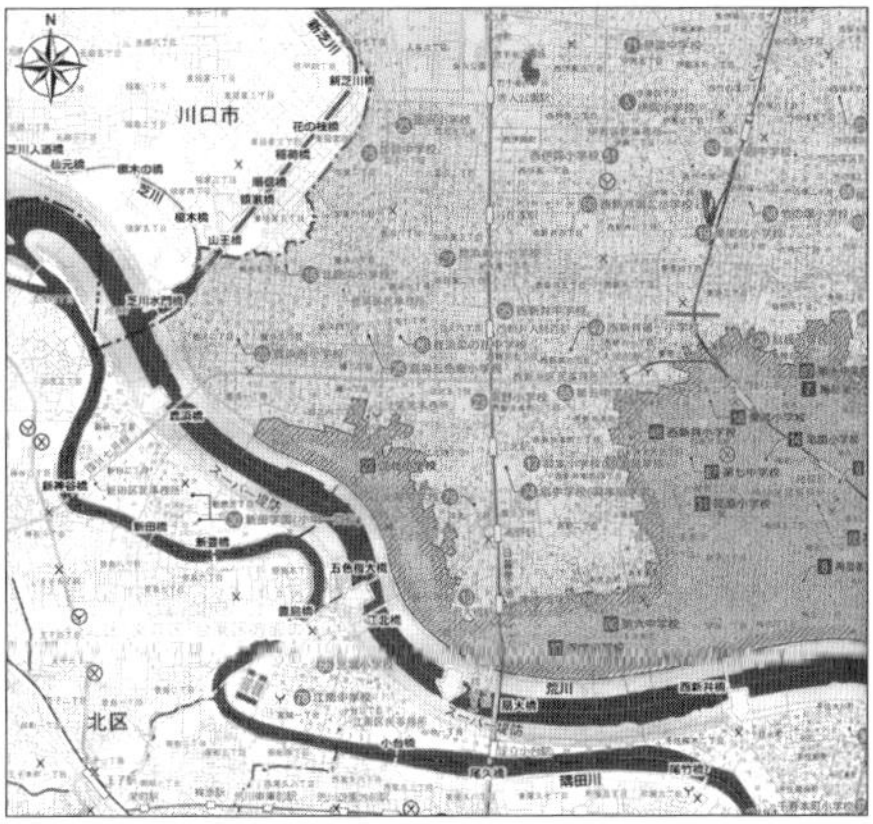

自主防災組織を設置しよう

防災のエキスパートを育てよう

消防法では、居住者50人以上（複合用途型の建物では30人以上）のマンションについて自衛消防組織の編成と防火管理者の設置が義務づけられています（76ページ参照）。

現在、多くのマンションではこの消防法に則った防災活動を行っていますが、1年ごとに役員が交替したりすると防災のエキスパートが育たないのが現状です。そこで、防災のエキスパートを育てるためにも、居住者同士で防災について啓蒙し合い、いざというときに大きな力を発揮する「防災会」「自主防災組織」といった組織を編成することが望まれます。

平時は防災活動、災害時には避難・救護活動

自主防災組織は、平時には防災の啓蒙活動や避難訓練などを実施し、災害時には避難誘導、救出・救助、避難所の管理など行います。

それぞれの活動について班を編成し、いざというときの役割を明確にしましょう。理事会とは別の組織にし、すぐに交替せずに長く務めてもらうのが理想です。班長のもとにミーティングを重ねるとコミュニケーションが深まり、災害が起こったときに意思の統一がとれた行動が展開できます。

地震などの災害に対してマンションの強みは、居住者同士が助け合ったり、組織的に行動できることにあります。ただし、その強みを発揮するには日ごろからの防災活動が不可欠なので、管理組合全体で自主防災組織の設置について話し合いましょう。

●自主防災組織の役割●

自主防災組織

組織長
各班の活動の確認と指示

副組織長
組織長の補佐と各班長との連絡

災害時

消火班
初期消火
初期消火活動

避難誘導班
避難誘導
避難器具等を利用して
避難の補助および誘導

救出・救助班
救出・救助
負傷者の応急救護、救急隊との
連携による負傷者の救護

通報・連絡班
情報収集・伝達
119番の通報や居住者への
状況報告

避難所管理班
避難所の管理・運営
避難場所の設置、食料等の管理

平時

地域内の安全点検

防災知識の普及・啓発

防災訓練

マンションの見学ツアーを実施しよう

理事になったら マンション内の見学ツアー

マンションの役員が交替したら、役員を中心に居住者にも声をかけてマンション内の見学ツアーを行うことをおすすめします。ふだん見られない屋上や高架水槽などのようすもわかり、鉄部のさびや壁のひび、階段の劣化などもチェックできます。すぐにでも着手しなくてはいけない部分、修繕時期を早めなくてはいけない部分などがわかり、修繕計画も立てやすくなります。

防犯・防災を 意識した目で見学

加えて、災害を想定し①避難器具や消火器などの設置場所、②避難路の障害物の有無、③落下物の危険性などの確認も行います。さらに防犯の面から、夜間に暗がりとなる場所の対策や防犯カメラの設置状況などの確認もしましょう。

マンション内の見学ツアーが終わったら、全員で地域の避難所に行ってみるのも有効です。途中で建物の倒壊などを想定し安全な避難方法などを話し合いましょう。

親子で参加してもらうと さらに有益

こうした見学ツアーは、多くの居住者に参加してもらえればより効果的です。区分所有者だけでなく、子どもから高齢の方まで親睦を兼ねて参加してもらい、マンションの修繕維持の大切さや防災・防犯意識の啓蒙に役立てましょう。知らない居住者と顔見知りになるだけで、防犯・防災に効果があります。

●マンションン見学ツアーのチェックポイント●

◆建物・設備のチェック

□水漏れはないか?

□鉄部のさびはないか?

□外壁のはがれやひびはないか?

□照明などの設備は万全か?

□手すりは劣化していないか?

□屋上などはどうなっているか?

□高架水槽や受水槽はどうなっているか?

◆防災・防犯を意識して

□消火器・避難はしごの設置場所

□非常灯時間のチェック

□避難路の障害物の有無

□どんな防災用品を備えているか?

□防災用品は使えるか?

□マンションの周囲の環境

□地域の避難所へ経路の確認

□マンション内の暗がりのチェック

Point

マンションの見学ツアーで居住者と顔見知りになれると、防犯・防災に役立つ

災害に備える

名簿を作成し居住者を把握しよう

災害時の人命救助に役立てるために

地震などの災害の際に、安否確認や人命救助を行うとき、居住者の名簿や緊急連絡先を把握しておくことは大切です。たとえば、体の不自由な独居の高齢者などがいれば、安否を確認したうえで、救助活動をする必要があります。ほかにもケガなどで逃げ遅れている居住者を探すのにも名簿は役立ちます。

さらに、マンションが倒壊、一部損壊した場合の復旧工事を決議するときも、組合員の連絡先を把握しておかないと工事ができないこともあります。

居住者に提出の必要性を理解してもらう

マンション標準規約では、入居者名簿などの個人情報について管理規約に定めがあれば、理事長の責任で作成・保管・閲覧ができるとされています。しかし、個人情報を公にしたくないと名簿の提出を拒む居住者もいるでしょう。そうした居住者に必要性を理解してもらい、全員の名簿を集めるためには「名簿の集め方」「名簿の内容」「管理のしかた」などに考慮しましょう。

まず、「名簿の集め方」については、回覧や掲示板を活用し、「災害時の救助に必要であること」「個人情報は慎重に扱うこと」などをくり返し案内し、全員の賛同を得ることが大切です。

「名簿の内容」は救助・緊急連絡を目的とする項目に絞ると賛同が得られやすいでしょう。名簿の管理は管理組合が行いますが、救助・緊急連絡以外に利用しないことを徹底しましょう。

●居住者名簿(例)●

居住者名簿

受付	年月日	
	氏名	

部屋番号	号室		
ふりがな 氏名 (区分所有者)			
生年月日	明・大・昭・平　　年　　月　　日生		
電話番号		携帯番号	
日中の連絡先 (勤務先等)			
同居家族	続柄	氏名	生年月日
1			
2			
3			
4			
5			
6			
7			
8			
第1連絡先　住所･氏名･電話番号(携帯番号) 第2連絡先　住所･氏名･電話番号(携帯番号)			
マンションの入居年月日　平成　　年　　月　　日			
備考			

※居住者の転入出が多いマンションでは、毎年更新するのが理想です。
※マンションが古く、比較的居住者の転入出が少ないマンションであれば2～3年ごとに行う方法もあります。

災害に備える

防災の決め手になるのは日ごろの「ご近所力」

防災のベースになるのは居住者の「ご近所力」

マンションの防災力を高めるには、日ごろの啓蒙活動、避難訓練の実施、防災用品の準備と点検、居住者の把握などが重要ですが、これらのベースとなるのは居住者同士のコミュニケーション、つまりは「**ご近所力**」です。

大規模なマンションでは同じフロアにどんな人が住んでいるか知らないケースもあります。ご近所の人たちと顔見知りになっておくことが災害時の救助活動などに役立ちます。こうした居住者同士のコミュニケーションを育成するのは理事会の大きな目標であり責務です。

管理組合の活動に参加してもらうことが重要

ご近所力を高める第一は、管理組合が行う定期総会や各種のイベントにたくさんの居住者に出席・参加してもらうことです。そのためには楽しいイベントや防災などに役立つ催しをどんどん企画することです。230ページで紹介した親子で参加するマンション内見学ツアーなども楽しいうえに防災・防犯に役立つ企画です。

こうしたイベントを通してお互いの顔と名前を覚えるだけで防災力はアップします。茶話会や井戸端会議も楽しくて良い企画です。さらに防災意識を向上させるために、専門家を招いたセミナーや住民同士の勉強会なども役立つ企画です。そのコミュニケーションの輪をさらに広げて、町内会や近隣のマンションとも連携し、いざというときに助け合うシミュレーションが構築できればご近所力はさらにアップします。

ご近所力をアップさせる活動

1 総会や各種イベントの実施と参加の促し

2 防災意識を高める広報活動

3 避難訓練の実施

4 入居者名簿の作成

5 防災セミナーや勉強会の実施

6 町内会や近隣マンションとの連携

もしものとき……

災害発生時後に管理組合が行う業務

災害時にまず行うことは居住者の安否確認

大地震が起きて、さあ避難というとき、居住者がバラバラに行動したら危険が増幅します。あらかじめ想定した行動こそ、安全な避難のカギになります。まず、理事会・自主防災組織のメンバーが中心になって、居住者の安否確認をしましょう。ここで役立つのが入居者名簿（232ページ参照）です。自主避難が困難な独居の高齢者や車いすの居住者などを名簿で確認し、救助活動に向かいます。また、日ごろからつき合いのあるご近所の声も重要です。「隣のおじいちゃんの顔が見えない」など居住者の声は安否の確認に役立ちます。

次は、被害状況の把握のためにマンションの敷地内を点検します。災害によって破損している箇所や危険な箇所などがないか確認しましょう。危険がある場所には、張り紙やロープを貼って立ち入り禁止にします。

掲示板を活用して状況を報告する

初期避難が済んだら情報収集が重要になります。

ライフラインが寸断されていたら、テレビやパソコンも使えません。居住者は被害の大きさや復旧の見通しなどがわからず不安な中にいるでしょう。管理組合として町内会や行政との連絡を密にして、救援物資の配給予定などを居住者に速やかに知らせなければいけません。それには、復旧の情報を全員で共有できるようにするために掲示板(使えない場合は新設)を活用しましょう。（140ページ参照）

●マンションでの避難活動●

家庭で避難活動

大きな地震がおさまり、避難が必要なケース

①ブレーカーを落とす

②電気器具のコンセントを抜く

③水道とガスの元栓を閉める

④家庭の非常用備品を持ち出す

⑤玄関に施錠する

⑥エレベーターは使用しない

⑦壊れかけた壁や塀、落下物や電線に注意しながら避難する

↓

管理組合での避難活動

日ごろから自主防災組織を中心に避難訓練を実施し、
一連の流れを周知しておく

①初期消火活動

②避難の補助および誘導

③安否確認と居住者の避難状況の把握

④負傷者や自主避難ができない人の救助活動

⑤敷地内の点検
（危険な場所の点検と被害状況の把握）

⑥町内会や行政との連絡

⑦避難場所・あるいは避難本部の設置や食料等の管理

⑧救援物資の配布の連絡や管理

⑨復旧に向けての決議
（建物の復旧工事＝区分所有法61条、建て替え＝区分所有法62条）

もしものとき……

自主避難が困難な人の救助

自主避難の困難な人が大勢いる

災害時にはマンションや町内会など地域全体で助け合うことが被害を最少限に食い止めるポイントです。

とくに高齢者、乳幼児、妊婦、障がい者、日本語がよく理解できない外国人など、自主避難ができにくい人を助けスムーズに避難させることが大切です。車いすの運搬をサポートしてほしいという家族からの依頼があれば救護班などが行いますが、ひとり暮らしの高齢者など助けを申し出ることもできない要援護者もいるはずです。日ごろからそれらの状況を把握して、避難が遅れているような ら声掛けをしましょう。

相手に落ち着いてもらうことが大事

大地震などは、だれでも恐ろしいもの。ひとりで避難できない人ならなおさらです。救助活動はまず相手に落ち着いてもらうことが大事です。高齢者に声をかけるときは相手の目を見てゆっくりしゃべりましょう。「大丈夫ですよ」と声をかけ、ひとりではないのだと安心してもらいます。できるだけ複数で救助に向かい必要なら担架などで避難させましょう。視覚や聴覚に障がいのある人にはハンデを補う救助活動を行います。無理に引っ張ったり、担いだりするのは不安を与えるだけなので、避難の要点を相手にわかるように伝えます。日本語がよく理解できない外国人にはジェスチャーなどで伝えます。乳幼児がいる家庭や妊婦も避難が困難なので状況を把握してサポートに向かいます。

●こんな人は救助が必要●

1 けが人

家具の下敷きになるなどでけがをした人を救助する

2 車いすの人

階段が降りられない車いすの人を３～４人で持ち上げて救助する

3 障がいのある人

視覚障がい者……腕を貸し、半歩前を歩き声をかけて行動を知らせる

聴覚障がい者……筆談や大きく口を開けてはっきり話す

4 高齢者の救助

ひとり暮らしなどの状況を把握し避難をサポートする

著者　マンションの管理と自治を研究する会
住民同士のコミュニケーションを図りながら、快適なマンションライフを実現すべく、管理組合の運営を研究する住民のグループ。建築関係者・マンション管理員・公務員・編集者など幅広い職業の人たちによって構成されている。

マンションの理事になったらこの1冊

2010年12月18日 初版第1刷発行
2020年2月28日　第4版第1刷発行
2023年5月16日　第4版第2刷発行

著　者　　マンションの管理と自治を研究する会
発行者　　石井　悟
発行所　　株式会社 自由国民社
〒171-0033　東京都豊島区高田3-10-11
電話（営業部）03-6233-0781
ウェブサイト　https://www.jiyu.co.jp/
印　刷　　新灯印刷株式会社
製　本　　新風製本株式会社
カバーデザイン　JK
カバーイラスト　ハラユキ
編　集　　耕事務所
執筆協力　　関みなみ　野口久美子
本文デザイン＆DTP　石川妙子
本文イラスト　山下幸子